DODGE HISTÓRIA DE UMA COLEÇÃO

ALEXANDRE BADOLATO

DODGE HISTÓRIA DE UMA COLEÇÃO

2ª edição
Maio de 2009

São Paulo
2009

Copyright © 2009 Alaúde Editorial Ltda.
Todos os direitos reservados. Nenhuma parte deste livro poderá ser reproduzida, de forma alguma, sem a permissão formal por escrito da editora e do autor, exceto as citações incorporadas em artigos de crítica ou resenhas.

1ª edição em abril de 2009 - Impresso no Brasil

Publisher: Antonio Cestaro
Editora: Alessandra J. Gelman Ruiz
Capa e Projeto Gráfico: Walter Cesar Godoy
Fotos da capa: Em destaque: Juliano Barata. Demais fotos: arquivo pessoal de Alexandre Badolato
  e Atos R. Fagundes
Revisão: Maria Sylvia Corrêa
Crédito das fotografias:
  Alexandre Badolato: Páginas 6, 8, 26, 28, 29, 30, 40, 45, 46, 47, 48, 60, 74, 75, 76, 89, 132,
    137, 138, 139, 140, 142, 148, 149, 150 e 151
  Arquivo pessoal do autor: Páginas 20, 22, 25, 34, 52, 54, 55, 63, 64, 65, 68, 70, 72, 73, 74, 80,
    83, 84, 86, 87, 88, 99, 100, 101, 102, 103, 111, 112, 113, 115, 116, 117, 119 e 127
  Atos R. Fagundes: Páginas 36, 37, 38, 40, 57, 58 e 61
  Christian Castanho: Páginas 120 e 122
  Juliano Barata: Páginas 3, 11, 13, 17, 71, 90, 92, 93, 104, 106, 129, 130 e 133
  Luciana Bernasconi: Página 146
  Rogerio de Simone: Página 102

Dados Internacionais de Catalogação na Publicação (CIP)
(Câmara Brasileira do Livro, SP, Brasil)

Badolato, Alexandre
        Dodge, história de uma coleção / Alexandre Badolato. -- São Paulo : Alaúde
Editorial, 2009.

        1. Chrysler do Brasil 2. Badolato, Alexandre Gastaldo 3. Dodge (Automóvel)
4. Dodge (Automóvel) - Colecionadores e coleções I. Título.

09-02816   CDD-629.222209

Índices para catálogo sistemático:
1. Dodge : Automóveis : Colecionadores e
coleções : História 629.222209

ISBN 978-85-7881-011-5

Alaúde Editorial Ltda.
R. Hildebrando Thomaz de Carvalho, 60
CEP 04012-120 - São Paulo - SP
Telefax: (11) 5572-9474 / 5579-6757
alaude@alaude.com.br
www.alaude.com.br

Agradecimentos

A Rogerio de Simone, que me deu o empurrão de que eu precisava para escrever este livro, que havia muito eu planejava, mas que jamais havia tido a iniciativa de começar. Depois de uma conversa com ele, em vinte dias a primeira versão do livro estava pronta.

À Luciana Lemos Bernasconi, minha mulher linda e maravilhosa, que, além de paciência para ouvir tantas histórias de Dodges (algumas repetidas pela vigésima vez), me incentiva e me inspira. O projeto do Museu do Dodge é cria dela a partir de ideias minhas que ela tão facilmente entendeu e transformou em realidade.

A Márcio Luiz Fante Gouveia, o "Gordo Dodges V8", o amigão que passa os dias fazendo o que todos nós gostaríamos de fazer: falar de Dodges cercado por Dodges. Ele me ajudou a adquirir vários carros da coleção, e me liga quase todos os dias depois da meia-noite (zzzzz...).

A Lincoln de Oliveira, meu grande amigo de sonhos malucos. Se nos deixassem, ou melhor, se tivéssemos condições financeiras, acho que nós dois compraríamos todos os Dodges do mundo. Sempre uma referência no assunto, é um dos mais obcecados pela perfeição nas restaurações.

A José Amorim e a seus filhos, os três "jotas", José, Jefferson e Jessey, meus fiéis escudeiros nas ressuscitações automotivas.

A Juliano Barata, que me ajudou a tirar boa parte das fotos deste livro. Mas não só. Ajudou também a tirar os carros para as sessões fotográficas, a manejar e, eventualmente, a empurrar também!

A Christian Castanho, que gentilmente me cedeu as fotos do Dodge 93.008 que ele fez para a revista *Quatro Rodas*, à qual também agradeço.

A Atos Fagundes, o multi-homem da revista *Classic Show*: fotógrafo, redator e garoto propaganda. Gentilmente, cedeu-me as fotos dos Chargers R/T 1979 e 1980 que foram feitas para a revista no Clube Hípico de Santo Amaro. Aliás, há um cavaleiro meio estranho ainda perguntando por ele.

A Roberto Nasser que, mais que o curador do Museu do Automóvel em Brasília, é o GTX do fórum do Simca, grande referência e incentivador. E, quem diria, meu livro saiu antes do livro dele sobre o Simca, que há anos espero ansiosamente.

A Marcelo Fernandes Fonseca Vianna, o pai do melhor site de automóveis do Brasil, www.simca.com.br. O Marcelo é o Badolato dos Simcas... ou será que eu é que sou o Marcelo dos Dodges?

A Celso Lamas, o responsável pelo Departamento de Estilo da Chrysler, que não cheguei a conhecer, mas cujos desenhos de suas pranchetas são parte da razão de toda esta loucura. E eu tinha tanta coisa para lhe perguntar...

Sumário

Prefácio 9

Apresentação 11

Capítulo 1 – O cenário e os personagens 14

Capítulo 2 – Dodge Le Baron 1981 - Marrom avelã metálico 18

Capítulo 3 – Dodge Charger R/T 1979 - Azul cadete e azul estelar 32

Capítulo 4 – Dodge Dart Coupé de Luxo 1974 - Branco ipanema 42

Capítulo 5 – Dodge Charger R/T 1980 - Prata tibet 50

Capítulo 6 – Dodge Dart Sedan de Luxo 1979 - Bege cashmere........... 62

Capítulo 7 – Dodge Charger 1971 - Ouro espanhol............................ 78

Capítulo 8 – Dodge Charger R/T 1972 - Verde igarapé 94

Capítulo 9 – Dodge Dart Coupé de Luxo 1981 - Preto onyx 108

Capítulo 10 – Dodge Charger R/T 1971 - Cinza bariloche 124

Capítulo 11 – Dodge Dart GT Convertible 1967 - M. turquoise metallic.. 134

Capítulo 12 – O Museu do Dodge.. 144

Prefácio

Em 1987, quando eu publicava, com dois amigos, uma revista especializada em antigomobilismo (publicação pioneira no Brasil, por sinal), os movimentos preservacionistas, inclusive o ecológico, ainda não eram assunto da moda. Existiam poucos colecionadores de carros antigos, e dava para contar nos dedos das mãos a quantidade de clubes pelo Brasil inteiro. Os carros nacionais quase nem apareciam em cena. Quando muito, davam o ar de sua graça de forma tímida, em algum encontro, mas apenas como meros figurantes. Isso era, de certa forma, injusto. Afinal, quem não tinha uma história para contar sobre Gordini, Aero Willys, DKW, ou até mesmo sobre o fenômeno Fusca? Naquela época, parece que o carro brasileiro ainda não tinha conquistado seu merecido espaço entre os apaixonados por carros antigos.

Mas os anos foram se passando e os costumes mudaram de forma rápida. A palavra preservação nunca foi tão usada quanto nos dias de hoje, o que não deixa de ser uma boa notícia. Apesar de ainda estarmos muito distantes do que acontece em países mais desenvolvidos, o avanço é inegável. Atualmente, há centenas de clubes, muitos dedicados a algum modelo específico ou fábrica brasileira. Os encontros e exposições são bem mais frequentes, e praticamente em todos os finais de semana ocorre algum evento Brasil afora, invariavelmente com a presença maciça de carros antigos nacionais. O número de colecionadores também cresceu muito, o que permitiu que o carro brasileiro dividisse espaço com os estrangeiros nos acervos. Hoje em dia, não é difícil encontrar algum colecionador especializado em uma única marca de carro nacional.

E é exatamente esse o caso de Alexandre Badolato, que se dedicou à preservação do Dodge Dart, e já possui uma bela coleção desses carrões da Chrysler. Durante o auge da crise do petróleo, o Dodge Dart recebeu um duro golpe por ser equipado com motor V8 de alta cilindrada, o que fazia com que fosse, obviamente, pouco econômico. Durante os anos 1980, quando já não era mais fabricado, ele foi incrivelmente injustiçado, podendo ser facilmente comprado por preços muito baixos. Com isso, muitos Dodges viraram sucata, algo muito triste para um carro que, no início dos anos 1970, era um verdadeiro sonho de consumo. Vários desses Darts, que estavam virando um monte de ferrugem, ou que ainda estavam rodando totalmente descaracterizados de sua originalidade, foram salvos pelo Badolato, inclusive alguns exemplares muito raros, como o último carro saído da linha de montagem, que foi descoberto e devidamente restaurado.

Há algum tempo, ele me falou de sua intenção de escrever um livro que contasse a história de alguns de seus Dodges. Já conhecedor de seu belo trabalho em prol da memória desses gigantes, achei a ideia muito interessante. Depois de algumas poucas semanas apenas, tive acesso aos originais de seu livro e fiquei muito empolgado, oferecendo logo meu apoio a essa empreitada. O que o leitor encontrará nesta obra é a história de uma verdadeira epopeia, digna de um roteiro cinematográfico. Com incrível riqueza de detalhes, o autor descreve tudo, desde o dia em que descobriu a existência do carro, o momento da compra, a restauração e, finalmente, o carro pronto, tudo ilustrado com belas fotos.

Quando o Badolato me convidou para prefaciar este livro, me senti muito honrado. Transformar as histórias dos Dodges em livro era quase uma obrigação dele, já que são boas demais para não serem compartilhadas com outros leitores também aficcionados pelo tema, e que podem aproveitar seu exemplo. Boa leitura!

Rogerio de Simone

Apresentação

Resolvi escrever este livro simplesmente porque eu adoraria que alguém tivesse escrito algo do gênero para que eu pudesse ler. Adoro histórias de carros. Aliás, já ouvi muita gente dizer que eu gosto mais das histórias que cercam o carro do que do automóvel propriamente. Talvez seja um pouco verdade.

O fato é que, independentemente da minha atividade ou do momento que eu esteja vivendo, a única coisa constante em minha vida nos últimos 20 anos foi que eu sempre estive caçando carros. Sempre tive atração pelo raro, pelo inusitado, pelo insólito, e isso sempre permeou minhas caçadas automobilísticas. Minha paixão é pelos Dodges nacionais, produzidos pela Chrysler do Brasil de 1969 a 1981. Também gosto de outros carros, de alguns Opalas, de carros americanos em geral, de esportivos japoneses do início da década de 1990, mas meu negócio mesmo sempre foi pesquisar, localizar e algumas vezes comprar os Dodges Dart, os Charger e suas variações.

Por isso, quis contar neste livro dez histórias sobre Dodges. Narro minha relação com os Dodges, as aventuras que envolvem a compra e a restauração desses carros, e também trato de assuntos jamais abordados em outra publicação, como os Dodges com plaquetas de identificação Volkswagen, os raros interiores lisos dos últimos Dodges 1981, e outros. Revelo também alguns segredos que compartilhei com pouquíssimas pessoas, como, por exemplo, minhas descobertas relacionadas às exportações da Chrysler do Brasil.

A Chrysler do Brasil tem muitas histórias e muitas paixões, mas jamais registradas. A falta de memória do nosso povo apagou quase

tudo. Não existe um registro oficial da Chrysler, exceto alguns dados de volume de produção que a Anfavea tem. Todo material da fábrica foi destruído, jogado fora, O quebra-cabeça que completamos, apesar de ainda faltarem algumas peças, foi montado graças a algum pouco material que alguns ex-funcionários guardaram e gentilmente compartilharam, e a muita pesquisa.

Colecionar automóveis é, certamente, um dos hobbies mais espetaculares que existem. Pode ser uma coleção de dois ou de 200 carros, não importa. Envolve temas muito complexos e diferentes, como mecânica, história, economia, marketing, conceitos de produção, engenharia e design. Mas, principalmente, envolve amizades. Fiz grandes amigos por meio da paixão pelo carro antigo, e isso não é um clichê. O carro antigo me motivou a trabalhar mais e mais, e me empurrou ao meu sucesso profissional, pois era um meio de viabilizar meus sonhos. Até no momento em que fui apresentado à minha então futura esposa, a primeira frase que ela ouviu a meu respeito foi: *"Olha, esse é o Alexandre, aquele que eu disse que tem 40 Dodges..."*; aí já surgiu assunto para horas de bate-papo e tudo o que sucede.

Colecione carros. Preserve a história. Principalmente, a *sua* história.

CAPÍTULO 1

O cenário e

Dou aqui um breve contexto histórico para os personagens principais dos episódios que vou relatar neste livro, sem a pretensão de descrever com detalhes a história do Dodge Dart nos EUA e no Brasil.

O nome Dodge Dart foi utilizado pela primeira vez em um modelo *full size* da Chrysler em produção de 1960 a 1962. Em 1963, o Dodge Dart, completamente reformulado, passou a ser o carro compacto da Chrysler, ainda com uma carroceria completamente diferente da que veio para o Brasil. A carroceria brasileira foi lançada nos EUA como modelo 1967, e rompia com o estilo dos carros que a Chrysler fabricava até então. Possuía linhas leves, design moderno e elegante. A Chrysler mostrava ao mercado que um compacto não precisava ser feio.

O Dart evoluiu a cada ano nos EUA. Em 1969, a Chrysler do Brasil lançou, como modelo 1970, exatamente o mesmo carro que vendia nos Estados Unidos como modelo 1969. Um lançamento com apenas um ano de defasagem era, para a época, algo inédito. Apesar de os Dart 1969 americanos serem praticamente idênticos aos Dart 1970 brasileiros, a gigantesca diferença entre eles era o público-alvo de cada um. Enquanto nos EUA o consumidor via no Dart um carro compacto e econômico, no Brasil ele era um carro grande, potente, voltado para a elite, evidenciando diferenças abissais entre os Estados Unidos daquela época e o Brasil.

os personagens

Os números de produção são ainda mais destoantes. Nos EUA, a produção do Dart (apenas o compacto) entre 1963 e 1976, ou seja, durante 14 anos, foi de 3.738.112 unidades. No Brasil, de 1970 a 1981, durante 11 anos portanto, a produção foi de 92.508 unidades. Isso sem contar com o "gêmeo pobre" do Dart americano, o Plymouth Valiant, que utilizava a mesma carroceria, o que somaria outras milhões de unidades a essa conta. Nos EUA, os Dart seguiram em produção até o modelo 1976, que foi substituído pelo Dodge Aspen.

No Brasil, o Dodge Dart transformou-se numa linha de carros que chegou a ter sete modelos diferentes em alguns anos de fabricação. Com brilhante trabalho da equipe de design da Chrysler, liderada por Celso Lamas, que se aliou a uma agressiva ação de marketing, a Chrysler do Brasil transformou o pacato e econômico Dart no agressivo, esportivo e desejado Charger R/T. Tinha formas desenhadas, novas grades, faixas adesivas, um prolongamento colocado nas colunas traseiras, bancos em couro e câmbio no console, mas era, em suma, exatamente o mesmo carro. Seguindo o trabalho de segmentação, foram criados o esportivo espartano SE, mais barato que o Dart, que usou e abusou do preto em contraste com cores intensas, tirando a imagem que ele possuía de carro "pelado". Por outro lado, acrescentando-se frisos, emblemas e interiores refinados em jersey, surgiram os Gran Coupé e os Gran Sedan.

Em 1979, houve uma grande alteração de estilo que buscava incrementar as vendas, tão prejudicadas, ou melhor, devastadas pela crise do petróleo de 1973. Surgiam o Magnum e o Le Baron, veículos de aspecto totalmente novo, conseguido por intermédio de uma equilibrada frente com quatro faróis, manufaturada em fibra de vidro para se baratear o ferramental. Mas continuava sendo o velho Dart americano de 1967. Mais crédito para os designers brasileiros. A Chrysler já se encontrava em dificuldades nos EUA e acabou vendendo a Chrysler do Brasil para a Volkswagen, que descontinuou os automóveis, mas seguiu com os caminhões, lançando, após alguns anos, o primeiro caminhão do mundo com emblema VW.

Não é possível saber quantos Dodges ainda existem. Primeiro, teríamos de definir o conceito de existência. Uma carcaça conta como um carro? Um carro muito estragado deve ser considerado? E se alguém se propuser a restaurar? Depois, qual seria a fonte confiável de informações? O Detran? Além de espalhados, boa parte dos carros que encontrei nem sequer tinham Renavan, ou seja, não eram licenciados desde 1990 e não estão nas bases atuais. Estimo que ainda haja algo entre 5 mil e 8 mil carros, de uma produção total de 92.500 unidades. Ou seja, pelo menos 85 mil automóveis foram destruídos, desmanchados ou sucateados. O índice de sobrevivência é muito baixo, e, infelizmente, mais de 90% dos Dodges já se foram. Acredito que, do total de Dodges produzidos, cerca de 5% a 8% ainda existam, apesar de não haver dados oficiais sobre isso. É quase um palpite, reforçado por algumas estatísticas de sobrevivência de alguns modelos específicos.

Os Dodges brasileiros sofreram um imenso processo de desvalorização, sendo abandonados nas ruas, utilizados em carros alegóricos em desfiles de carnaval, e em competições de *demolicar*. A depreciação foi tanta que eram comuns histórias de Charger R/T que foram comprados por fortunas e depois foram trocados após alguns anos por bicicletas, vitrolas e outras coisas inusitadas. A grande maioria dos carros acabou seus dias assim.

Alguns modelos de grande produção tornaram-se raríssimos, como os Charger R/T de 1971 e 1972, dos quais conhecemos hoje pouco mais de 2% dos carros produzidos que sobreviveram. Outros modelos de produção menor, como os Dodge SE 1975, os Charger

LS 1975 e os Dart Coupé 1981 foram praticamente extintos. E é essa diversidade de modelos – 57 no total – que faz dos Dodges carros tão colecionáveis. A história desses carros mistura-se à nossa e acaba por criar uma paixão muito intensa por um carro que era tão simples no país de origem.

MODELOS DE DODGES PRODUZIDOS NO BRASIL

(Esta tabela pode ser usada como um controle de coleção, assim como se fazia com os álbuns de figurinhas)

	Dart Sedan	Dart Coupé	Charger/LS	Charger R/T	SE	Gran Sedan	Gran Coupé	Magnum	Le Baron
1970	☐								
1971	☐	☐	☐	☐					
1972	☐	☐	☐	☐	☐				
1973	☐	☐	☐	☐	☐	☐	☐		
1974	☐	☐	☐	☐	☐	☐	☐		
1975	☐	☐	☐	☐	☐	☐	☐		
1976	☐			☐		☐			
1977	☐			☐		☐			
1978	☐			☐		☐			
1979	☐							☐	☐
1980	☐			☐				☐	☐
1981	☐	☐						☐	☐

CAPÍTULO 2

Dodge Le

Desde pequeno, tive muita atração pelos Dodges nacionais. No começo, eles eram intimidadores, com um ar ao mesmo tempo agressivo e aristocrático. Eram carros caros, que pareciam muito longe da minha realidade. Depois, viraram carros decadentes, baratos, abandonados. Via-se com frequência Chargers e Darts abandonados nas ruas, vítimas da alta do petróleo que os condenou ao desuso. Em desmanches, existiam aos montes. Lembro-me dos desmanches da avenida Ricardo Jafet, em São Paulo, na qual existiam com fartura. Eu tinha dó. E vontade de um dia ter um.

Quando fui chegando perto de completar 18 anos, não pensava em outra coisa a não ser em tirar minha carteira de habilitação e comprar um Dodge. Minha preferência sempre foi pela linha 1979, provavelmente por eu ter acompanhado o lançamento de perto e por achar os Magnum os carros mais bonitos já fabricados. Minha carteira de motorista saiu em outubro de 1988 e, em 1989, eu já procurava meu primeiro Dodge. Eu vasculhava em algumas lojas que vendiam carros velhos (não dava nem para chamar de antigo ainda), em garagens e no jornal *Primeira Mão*. Acompanhei os anúncios por quase um ano, mas o que eu encontrava era desanimador. O que eu podia comprar era muito ruim, apenas modelos de Darts e Chargers até 1978, que normalmente estavam em péssimo estado de conser-

Modelo:	Dodge Le Baron
Ano:	1981
Cor:	marrom avelã metálico
Produção:	271 unidades, parte para exportação

Características: 1981 é o último ano de fabricação do Le Baron e dos Dodges brasileiros. Toda a linha recebeu padrões de pintura da Volkswagen, pois, após a aquisição da Chrysler, a Volkswagen passou a utilizar as instalações ociosas de pintura da fábrica adquirida, para pintar carros como Gol, Passat, Brasília e Variant II. Dessa forma, não seria necessária a troca de pintura entre carros Chrysler e Volkswagen. Este carro é mecânico, mas os Le Baron 1981 automáticos são, seguramente, os melhores carros que a Chrysler produziu, pelo menos no aspecto dirigibilidade. De condução leve e macia, pode ser dirigido no trânsito como se fosse um carro pequeno, dada sua leveza e agilidade.

Baron 1981

vação. Ninguém fazia manutenção nesses carros, e eles realmente assustavam, apesar de não serem nem tão velhos naquela época. Já os Magnum eram caríssimos. Quem comprava um sabia o que estava comprando, tinha ciência de que era um carro gastão, e estava consciente de que a gasolina era mais cara a cada dia que passava. Por isso, os carros da linha 1979 não caíram no mesmo abandono que os mais antigos caíram. E eram caros.

No final de 1989, um anúncio de venda chamou minha atenção: um Le Baron 1981 com preço bem acessível. O carro tinha apenas oito anos de uso e tinha um preço bem abaixo do que geralmente se pedia pelos Magnum. Naquela época, eu preferia um Magnum a um Le Baron, mas a simples ideia de ter um dos Dodges "novos" e, além disso, do seu último e derradeiro ano de produção, me empolgou ao extremo. Fui ver o carro em São Bernardo do Campo, coincidentemente a cidade natal de todos os Dodges brasileiros. O proprietário do automóvel era um senhor de uma classe social com poder aquisitivo aquém do que se esperava para um dono de um carro daqueles. Ele consertava geladeiras e, numa visita para reparar uma delas, deu de cara com o carro em uma garagem. O dono antigo tinha bastante idade, algum problema nas pernas que dificultava seus movimentos, e não hesitou em vender para o reparador de eletrodomésticos. Mas o novo proprietário não se adaptou ao carro. A garagem da casa dele era estreita e havia uma rampa que levava a ela. Por mais de uma vez, ao subir a rampa, o carro patinou no chão coberto por um piso liso e acabou ralando a parede. Resultado? O carro foi posto à venda. Fiquei tão cegamente apaixonado pelo automóvel que não consegui ver os inúmeros defeitos que ele tinha. Para se ter uma ideia, nem percebi que, em vez das rodas e calotas originais, ostentava um jogo de pavorosas rodas Mangels cromadas. O valor pedido estava mais ou menos dentro do meu orçamento, mas meu pai me ajudaria, e o negócio foi fechado.

No dia 6 de janeiro de 1990, o iminente ex-proprietário passou em minha casa com o carro e fomos até o banco Bamerindus do Centro Empresarial de São Paulo para fazer o pagamento. O Dodge passou, então, com muito orgulho, a frequentar a garagem da minha casa. Lembro que não dormi direito por um bom tempo, primeiro pela alegria do sonho realizado, depois pela incontável série de problemas que comecei a descobrir no carro.

O automóvel tinha o para-brisa degradê trincado, os pneus completamente carecas, o escapamento estava inteiramente podre e, no segundo dia em que eu andei com o carro, ele caiu. O tanque

O Le Baron 1981 nos seus primeiros dias comigo, em foto de 1990

vazava muita gasolina pela boia, e, na primeira vez em que saí com o carro, toda a gasolina que eu havia colocado derramou. A alavanca de câmbio encavalava sempre, e nem sempre desencavalava com facilidade. Os coxins do motor estavam quebrados, a caixa de direção hidráulica vazava, o ar condicionado não segurava as caras cargas de gás que eu dava. Uma vez, com o ar condicionado funcionando, escutei um barulho de pressão aumentando gradativamente. Em um momento, ouvi um alívio de pressão, e uma pequena cachoeira de água invadiu o assoalho do carro, do lado do passageiro. Aliás, água era uma constante. Entrava por lugares inimagináveis.

Certa vez, eu estava com uns amigos no cursinho e resolvemos ir almoçar no Shopping Ibirapuera. Eu era muito tímido, mas respirei fundo e convidei a menina mais bonita da classe para ir comigo no Dodge. Ela topou. Quando entrou no carro, olhou de um jeito bem esquisito, mas não comentou nada, o que foi mais esquisito ainda. Chegando ao shopping, estacionei no piso térreo e ela resolveu deixar o caderno de anotações no carro. O caderno dela era uma obra de arte, com anotações em várias cores, destacando as palavras-chaves, os pontos de atenção e tudo o mais. E era referência para várias pessoas, que tiravam cópias do caderno dela para estudar. Fomos almoçar no piso inferior, quando uma chuva forte caiu. Mas, de dentro do shopping, nem tínhamos como perceber. Almoçamos e voltei todo orgulhoso com a bonitinha estudiosa ao meu lado. Quando entramos no carro, a tragédia. O Dodge havia enchido de água apenas do lado do passageiro, e o caderno da menina boiava com as folhas encharcadas. Os apontamentos inicialmente estavam borrados e em seguida se transformaram em uma abstrata mancha colorida. Ela nunca mais falou comigo. E ninguém mais teve caderno para copiar! Coisas de Dodge.

Mas o fato é que eu fui arrumando o Dodge. Comprei um para-brisa novo, um jogo de pneus Pirelli P77, arrumei o escapamento e o vazamento do tanque. Fiquei parado na rua algumas vezes, com o carburador DFV encharcando, independentemente de quantos reparos eram trocados. Hoje sei que, provavelmente, deveria se tratar de uma base empenada, e que mesmo que eu fizesse 200 reparos, não iria consertar o defeito. Comecei a usar o carro alternadamente com um Fiat Uno S que eu tinha na época. Aí o carro começou a apodrecer. Na verdade, vários pontos de ferrugem começaram a estourar, expulsando da lataria do carro pedaços polpudos de massa plástica que se escondiam por baixo da pintura. Não desanimei. Consegui comprar na Chambord Auto duas laterais traseiras novas, caixas de estribo e quatro portas. Tudo absolutamente novo, no fundo avermelhado com adesivo Mopar. O carro ficaria o máximo. Fiz toda a mecânica e o carro, afinal, estava confiável e bom de usar. Alcançava os 180 km/h na estrada com relativa facilidade. Em 1991, quando as placas cinza chegaram a São Paulo, fui um dos primeiros a ir ao Detran e pedir uma placa especial: DGE-1981.

A partir disso, tive minha primeira experiência traumática com funileiros. Rodei muito, escutei muita besteira, até encontrar um senhor que topou arrumar a lataria do carro, do qual eu havia recebido boas referências. Ele trocou as duas laterais de trás, as duas caixas e as quatro portas. Perto do que faço hoje em dia, esse carro sofreu um trabalho de "aspirante" a principiante, mas na época me pareceu difícil. Quando a funilaria ficou pronta, tive um "surto de bobeira" e resolvi, num impulso, fazer algo que hoje condeno ao máximo: trocar a cor do carro. Eu achava aquele dourado (marrom avelã metálico) com teto e interior pretos uma coisa muito feia, de "cafetão norte-americano". Mal imaginava eu que se tratava de uma combinação muito rara, já que quase todos os Le Baron 1981 de cor marrom avelã têm teto e interior marrons. Decidi pintar o carro de uma cor vinho perolado da GM que vinha nos Opala Diplomata em 1991: o vermelho rhodes perolizado. A tinta custava uma fortuna, quatro ou cinco vezes mais que uma tinta convencional. Depois de pintado e montado, o carro

Uma das únicas fotos que tenho do Le Baron depois da desastrosa reforma. Quem me cedeu esta foto foi o Ricardo Tardivo. Eu nem sequer cheguei a fotografá-lo

ganhou um jogo de rodas de Charger R/T 1979 que eu encontrei num desmanche em Piracicaba, e um vidro traseiro térmico que eu achei num depósito da Chambord Auto.

O carro tinha tudo para ficar lindo. Mas eu detestei. Me arrependi de ter trocado a sua cor, mas o pior é que, mesmo que todas as peças da lataria tenham sido substituídas por novas, o carro tinha ficado meio ondulado, com um acabamento abaixo da minha expectativa. Desanimei. Nem sequer cheguei a colocar os frisos autoadesivos originais, que estavam novos na embalagem que eu tinha conseguido para ele. Encostei o carro por algum tempo e depois fiz o mais improvável de tudo: vendi o carro! Nem me lembro se anunciei o carro, mas um rapaz veio ver o Dodge e, no dia seguinte, depositou o valor pedido na minha conta e veio buscar o carro com um irmão. Mandei uma porção de peças novas junto com o carro, e nem sequer fiquei com um endereço ou anotei o nome do comprador.

Passaram se quase dez anos e minha vida deu algumas voltas. Terminei a faculdade, abri e fechei minha empresa, tive de arrumar um emprego, e depois outro, e depois mais um. No terceiro local em que fui trabalhar, minha carreira se desenvolveu muito rapidamente e, em pouco tempo, galguei cargos e comecei a ter dinheiro novamente. Voltei a comprar Dodges e decidi que ia ter uma coleção. Encontrei carros interessantes, mas aquele meu primeiro Dodge não saía da minha cabeça. Será que ainda existia? Será que havia tido um triste fim em um desmanche?

Em 2003, eu estava desesperado para achar o carro. Revirei documentos antigos e achei um licenciamento do Le Baron, com o número do Renavam que permitiu uma pesquisa em um dos bancos de dados que faziam licenciamento on line, pela internet. O carro estava em nome de um homem chamado Ricardo Tardivo. O último licenciamento não era tão antigo, o que me encheu de esperanças de encontrar o veículo. Procurei o endereço daquele Ricardo e achei um telefone em nome dele no bairro do Campo Limpo. Como estava de férias, fui até o endereço. Bem longe da minha casa e numa região que eu conhecia pouco, rodei bastante e encontrei o endereço. Não havia ninguém. Procurei no vizinho e ele me disse que o tal do Ricardo não morava mais lá havia muito tempo, e que ele nunca mais tinha sido visto.

Voltei para casa e segui minha busca, dessa vez eletrônica. Busquei o sobrenome do Ricardo em todos os sites de busca e, depois de várias pistas falsas, achei um usuário do site Mercado Livre, cujo apelido era RTardivo. O sujeito vendia componentes eletrônicos. Mandei uma mensagem perguntando se ele era o Ricardo do Dodge. Era! Em pouco tempo, falava com ele ao telefone. Ele havia comprado o Dodge e se lembrava perfeitamente de mim. Eu não me lembrava dele, provavelmente por ter vendido o carro para ele em um momento bem tumultuado da minha vida. Conversamos bastante, e ele me disse que ainda tinha o carro, que não tinha feito praticamente nada nele e que estava guardado numa garagem no bairro do Butantã, do dono de uma oficina. Pedi para ver o carro e ele me disse que, em breve, marcaríamos para ver o automóvel, pois ele mesmo não ia lá havia certo tempo.

Algum tempo se passou e não consegui marcar com o Ricardo para ir ver o carro. Certo dia, fui ao sambódromo, no encontro de carros antigos que acontece todas as terças-feiras no local. Detestava esse encontro desde que havia saído da praça Charles Müller, em frente ao estádio do Pacaembu, e se mudado para o sambódromo, pois eu achava o lugar longe e sem graça. Mas, naquela terça-feira, resolvi ir. Encontrei algumas pessoas e logo estávamos falando de Dodge, de modelos raros, dos Dodges que cada um tinha, até que entramos no assunto dos Le Baron 1981. Um disse que conhecia um assim, outro disse que havia tido um outro, e assim foi, até que comecei a contar a história do meu Le Baron 1981, muito empolgado por causa da recente descoberta. Eis que o inusitado aconteceu. Quando eu estava dando detalhes do meu ex-carro, um sujeito que estava em outra roda de pessoas veio em minha direção com determinação: *"Esse carro é meu! Esse carro está comigo no meu galpão já tem um bom tempo!"*.

Expliquei ao cidadão que devia se tratar de um equívoco, já que eu havia falado fazia poucos dias com o atual proprietário, que me garantiu que o carro estava guardado, exatamente como eu tinha vendido. Mas o sujeito insistiu que o carro era dele. Na verdade, eu nem sabia, mas estava nascendo ali uma grande amizade. O impaciente e espalhafatoso rapaz era o Márcio Gouveia, mais conhecido como Gordo Dodges, um apaixonado por Dodges que passou a vida comprando e vendendo Dodges, que tem uma história fantástica que mereceria um capítulo deste livro. Eu só tinha visto aquele sujeito uma única vez, mas ele garantia que tinha meu ex-carro. Perguntei o número do chassi, como se fosse uma coisa normal, já que eu sempre tive a mania de decorar todos os números de chassi de Dodges, principalmente dos 1981, iniciando desde cedo minha busca pelo "Graal" do último Dodge. Obviamente, ele não sabia o número de chassi de cabeça, mas pegou o número do meu celular e saiu dizendo que iria ao galpão e que me ligaria quando estivesse em frente ao carro. Eu também voltei para casa.

Na mesma noite, lá pelas 23 horas, meu telefone tocou e ouvi o Márcio Gouveia falar: *"Estou em frente ao carro, com o capô aberto, olhando para a plaqueta. O número do chassi é 92.605!"* Gelei. Era o meu carro! O que estava fazendo lá? E a história que o Ricardo me contou? Perguntei se ele me vendia o carro. Ele me pediu 3 mil reais, e eu, sem pestanejar e meio gaguejando, disse que o carro era

O reencontro com o Le Baron, muitos anos depois, ou com o que restou dele

meu. Mais uma noite mal dormida por causa de Dodge! No sábado seguinte, fui até o bairro Jardim Brasil, no extremo norte de São Paulo, encontrar com o Gordo. Brinco que, para chegar lá, pega-se a rodovia Fernão Dias, faz-se um retorno em Belo Horizonte e depois entra-se em uma tal de avenida Sanatório. Cheguei cedo, antes que ele, mas o Gordo já havia tirado o carro do fundo do galpão, levado para um estacionamento ao lado, no qual o carro foi lavado para ter uma aparência menos assustadora. Era ele.

O carro estava lá, razoavelmente inteiro. Já tinham sido retirados para-choque dianteiro, radiador, caixa de direção, ignição, alternador, mas o principal estava lá, e intacto. O carro não tinha o recibo de compra e venda, apenas os documentos em nome do Ricardo, e era licenciado normalmente. Perguntei sobre a história do carro. O Márcio me contou que o Ricardo havia deixado o carro numa oficina no Butantã, para uma preparação no motor, porém, ele teve alguns problemas (me parece que era sobre a saúde do pai), e ele mudou-se para Santos ou Praia Grande. O dono da oficina, depois de entender que o carro fora abandonado, vendeu o motor e as rodas do R/T 1979, e largou o automóvel num terreno baldio ao lado da oficina. Um amigo pediu a carroceria para o dono da oficina, colocou outro motor e passou a usar o carro como meio de locomoção. Tempos depois, ele vendeu o veículo para o Gordo, que o levou para seu galpão. Segundo o Márcio, por diversas vezes ele cogitou desmanchar o carro, mas

cada vez que ia fazer isso, aparecia outra tarefa, e o carro continuava lá. Parecia que estava me esperando para salvá-lo. As histórias se encaixaram, o Ricardo acreditava que o carro ainda estava guardado, e o dono da oficina tinha se sentido no direito de passar o carro para frente para pagar os serviços que ele havia executado.

Sem julgamento de valores, comprei o carro e levei-o para uma casa que eu havia comprado para construir nela o local que abrigaria minha coleção. Eu tinha ficado com uma das missões mais complicadas: encontrar o Ricardo e, com muito tato, contar que o dono da oficina, que ele imaginava estar guardando o carro, já havia passado o veículo adiante, mas não sem antes tirar o motor e as rodas. Fui encontrar o Ricardo na empresa em que ele trabalhava no

O Le Baron 1981 restaurado, em 2009. Nem em 1989 ele era tão novo quanto está hoje. Missão cumprida

bairro de Santo Amaro. Confesso que fui preocupado. Minha única intenção era salvar o automóvel, e não queria ser confundido com ladrão ou receptador de carros roubados. Fomos tomar um café e eu contei toda a história. Mostrei a ele as fotos que eu havia tirado do carro. Percebi que ele ficou triste com o estado que se encontrava. Pela reação dele, acho que já esperava que alguma coisa pudesse ter acontecido com o Dodge após tanto tempo na oficina. Então, ele foi extremamente generoso comigo e com o carro: imediatamente se dispôs a me dar o documento de transferência do automóvel. Pediu um tempo para que pudesse passar num cartório para reconhecer firma em meu nome e, depois de algumas semanas, foi à minha casa de surpresa, com o recibo preenchido e assinado em mãos.

Gostaria que ele soubesse, por este livro, o quanto sou agradecido a ele por esse gesto tão desprendido e tão carinhoso. O carro, enfim, era meu novamente, de fato e de direito.

A essa altura dos acontecimentos, eu já tinha uma coleção bem razoável de carros. Estava ganhando dinheiro na empresa em que eu trabalhava, e direcionando boa parte dele para aquisições de Dodges.

O Le Baron em processo de restauração, totalmente na chapa

À esquerda, o Le Baron em processo de montagem. À direita, o detalhe do emblema na capota de vinil

As restaurações foram se sucedendo, e o Le Baron, primogênito, teve de esperar alguns anos para ser restaurado. Nesse meio tempo, consegui quatro portas novas, um jogo de calotas, um motor doado, originário de um Magnum em excelente estado, e que um comerciante de peças desmontou sem dó, apenas pelo fato de o carro estar em um inventário. A funilaria foi feita com capricho, devagar, curtida, ao longo do tempo. As portas novas facilitaram o trabalho de deixar o carro muito liso e perfeito, justamente o que não consegui naquela experiência desastrosa de 15 anos antes.

O carro foi pintado novamente na cor marrom avelã, ostentando mais uma vez a raríssima combinação da cor avelã com preto, vista apenas nesse carro e num outro, de numeração de chassi muito próxima. Sua restauração terminou em 2009, vinte anos depois de eu ter comprado o carro pela primeira vez.

A frente imponente, alinhadíssima, design brasileiro mudando completamente a aparência do projeto americano

O aristocrático Le Baron do seu derradeiro ano de produção

CAPÍTULO 3

Dodge Char

    Em certa noite de 1985, fui acompanhar meu pai em um jantar de negócios no Dinho's Place, que ficava da avenida Morumbi. Eu acompanhava meu pai nesses eventos com alguma frequência, para aprender um pouco sobre negócios. Às vezes, era interessante, às vezes era tedioso, às vezes eu ia só para comer mesmo. Naquela noite, o jantar era com um italiano, Enrico Vezzani, cuja família tinha uma grande fábrica de alimentos na região de Milão. Ele conduzia o braço brasileiro da empresa. A conversa foi longa, quase interminável. Quando saímos do restaurante, o Enrico e meu pai entregaram os tíquetes do estacionamento ao manobrista. Eu acompanhava a movimentação da avenida quando vi uma cena arrebatadora: um imponente Charger R/T 1979 azul encostando em frente ao restaurante. Quase tive um "troço". Aquele carro era praticamente uma lenda para mim.

    Quando a linha 1979 foi lançada, eu me apaixonei, como disse, pelo Magnum, com sua frente bicuda de quatro faróis, sua traseira chanfrada com as novas lanternas, e o acabamento nas janelas traseiras. Levou algum tempo até que eu visse o primeiro Charger R/T 1979, o primeiro Charger "novo". Era uma tarde no final de 1978, ou início de 1979, e eu saí com minha mãe de uma lanchonete (o extinto *Jack in the Box*) na praça Panamericana. Olhei para o lado esquerdo e vi o carro vindo em minha direção, fazendo a curva, meio inclinado. Passou diante de mim bem na altura da banca de jornal que ainda

Modelo: Dodge Charger R/T	
Ano: 1979	
Cor: azul cadete e azul estelar	
Produção: 180 unidades	

Características: Para a linha 1979, a Chrysler fez a maior das alterações de estilo. O Charger ganhou pintura em dois tons, *opera windows* nas janelas traseiras, e foi o primeiro carro de série a sair de fábrica com rodas de liga leve. Se o carro for comparado aos Dart norte-americanos que o originaram, a obra de arte que saiu das pranchetas de Celso Lamas poderá ser percebida. O carro possui linhas equilibradas e leves, e diferenciou-se bastante das demais versões – um espetáculo, ainda que não tão reconhecido como os Charger mais antigos.

ger R/T 1979

existe no mesmo local, 30 anos depois. Fiquei deslumbrado: a pintura em dois tons, bege e marrom, as rodas, mas principalmente as "grades" nas janelas traseiras. Era ainda mais bonito que o Magnum.

Nos anos seguintes, lembro-me de ter visto alguns Charger R/T 1979 nas ruas, a grande maioria na combinação bege e marrom. Cada vez que eu avistava um, era um acontecimento. Cheguei a ver alguns Dodge prata e preto, a terceira combinação de cores que a Chrysler passou a disponibilizar a partir de março de 1979. Mas o azul claro e azul escuro eu só havia visto nas propagandas de revistas. Aquele Charger do Enrico foi o primeiro R/T 1979 de cor azul que eu vi, seis anos depois de seu lançamento. Apaixonei-me pelo carro e nunca mais o tirei da cabeça. Mas, para mim, ter o carro era um sonho distante, virtualmente impossível, principalmente porque eu não tinha nem dinheiro e nem habilitação naquela época. Já o Enrico era louco pelo carro, mas não pelos motivos que eu imaginava. Ele tinha fixação pela cor azul. Só vestia roupas azuis, seu escritório era azul, em vários tons, com um carpete azul royal, de aparência oceânica. Quando ele viu esse carro, que era azul claro com o terço superior em azul escuro, interior, volante, cintos de segurança, painel, enfim, tudo azul, não resistiu e comprou o carro na mesma hora. O automóvel saiu zero quilômetro da concessionária Janda no dia 13 de março de 1979.

Passaram-se sete anos desde aquela noite, quando, em um dia de maio de 1992, na hora do almoço, meu pai veio com a notícia de que havia encontrado o Enrico e que ele iria vender o carro. Fomos ver o carro em seguida. Nos últimos anos, o Enrico estava passando dois ou três meses do ano no Brasil e o restante do tempo na Itália. O carro, portanto, alternava meses de uso intenso com meses completamente parado. Um tio dele, de certa idade, às vezes pegava o carro, tomava alguns "tragos" e deixava sua marca: uns dois ralados fortes no carro, um na lateral traseira esquerda e um no para-lama dianteiro, arrancando, inclusive, o emblema Charger. Apesar de o carro ter apenas 13 anos de uso e cerca de 90 mil quilômetros, não era mais um carro com aspecto tão bom, apesar de estar completamente original. Lembrei-me, então, de que quando eu havia conhecido o carro em 1985, o Enrico comentara que tinha acabado de pintar o carro e de trocar o tecido dos bancos, isso com apenas seis anos de uso. O tecido colocado era um veludo navalhado azul, porém em um tom só e em um tom de azul mais vivo. Para um leigo ou para um conhecedor distraído, a cor passava por original. Fiz o carro funcionar para levá-lo embora, e desaparecemos na fumaça. O carro estava parado havia muito tempo, e estava com algum problema na vedação de válvulas. Saí da zona norte de São Paulo em direção à zona sul pela marginal Tietê, deixando uma nuvem de fumaça branca às minhas costas. Chegando em minha casa, a fumaça foi diminuindo e desapareceu quase que totalmente após alguns dias, dando apenas uma esfumaçada leve quando o carro era ligado.

O carro passou a ser meu carro de uso, pelo menos parcialmente. Consegui para ele a placa DGE-1979. Na época, eu estudava

O R/T 1979 em um encontro de Dodges que organizamos no Shopping Ibirapuera, em 1992

administração de empresas na Fundação Getúlio Vargas (FGV) e chegava cedo para encontrar lugar na rua e não pagar estacionamento. Quase todas as manhãs daquela época, quem passasse pela avenida Nove de Julho veria, na decida da FGV, ao lado de uma árvore torta, um Charger R/T 1978 branco e um Charger R/T 1979 azul, um atrás do outro. O branco era do meu amigo Júlio, que chegava ainda mais cedo.

Com o tempo, os pontos podres causados pelos arranhados feitos pelo tio do Enrico começaram a apodrecer mais. Resolvi repintar o carro. O serviço foi feito pela mesma oficina que havia pintado meu Le Baron 1981, e eu, novamente, não gostei do serviço. Tanto que nem deixei terminar o carro direito, não mandei refazer a forração do porta-malas (a original havia desmanchado), não mandei fazer o filete azul que separava os dois tons de azul, nem recoloquei os emblemas Charger nas laterais. Acabei ficando desgostoso com o carro, mas, apesar de ter passado por uma fase difícil, nunca venderia esse carro tão raro. O carro foi encostado e entrou, então, em um "coma" por vários anos.

Em 2002, com a vida arrumada, decidi restaurar o carro. Procurei várias oficinas, mas não gostei de nenhuma. Estava traumatizado com oficinas; afinal de contas, já havia estragado dois carros com reformas caras e com resultado tenebroso. Acabei seguindo a recomendação de um amigo, e levei para uma oficina que trabalhava com esse tipo de carro. A estrutura da oficina parecia boa. Pedi para fazer um orçamento e levei o carro lá no sábado seguinte, rodando. A experiência novamente não foi boa. Foram dois anos de visitas regulares, a maior parte delas sem ver evolução no carro. Após todo esse tempo, o carro finalmente ficou pronto. Externamente, ficou bonito. As rodas de alumínio, após o primeiro polimento, ficaram maravilhosas, a pintura ficou aceitável, apesar de o azul cadete ter ficado um pouco mais "chumbado" do que deveria. Em dias claros, não se nota nada, mas em dias mais nublados, o tom fica um pouco mais escuro do que deveria. Definitivamente, a restauração não ficou no padrão que eu exijo hoje, mas pelo menos o carro está a salvo e bonito. O interior está novamente original, com o tecido azulão sendo substituído pelo veludo original, a partir de retalhos e capas de bancos usadas de três carros diferentes.

Quando busquei o carro na oficina, mais uma dor de cabeça, e essa foi forte. Peguei o carro, saí em marcha a ré da oficina, e fiz a manobra

Dodge - História de uma coleção

para sair. Ouvi barulhos fortes de tuchos, como se estivessem descarregados. Indaguei ao dono da oficina sobre aquele barulho, mas ele disse que era assim mesmo, que o motor estava parado havia muito tempo e que logo os tuchos recarregariam. Como eu teria de parar no posto de combustível a poucas quadras de lá, verificaria os níveis de óleo e dos demais itens. Parei no posto e fui ver o óleo enquanto abastecia o tanque. Puxei a vareta e não marcou nada. Mandei pôr um litro de óleo. Puxei a vareta e... nada. Mais um litro, outro, mais um... seis litros de óleo para o nível chegar no traço da vareta, ou seja, o sujeito me entregou o carro sem uma única gota de óleo! Liguei para a oficina, o proprietário disse que não era possível, coisa e tal. Deveria tê-lo feito ir imediatamente ao posto, mas estava muito chateado e atrasado para o trabalho. Com o tanque cheio e o óleo no nível, saí de lá. O carro soltava muita fumaça, o motor virava pesadamente e, alguns quilômetros depois, ficou impossível de continuar. Chamei um guincho e levei o carro para a oficina do Paulo, meu mecânico, que diagnosticou o estrago feito em decorrência de o motor rodar sem óleo. O estrago foi tão grande que não foi possível que a retífica parasse na primeira medida; teve de abrir mais. O dono da oficina mandou executar o serviço, dizendo que acertaria comigo depois o valor. Nunca recebi um real, e o pior, o cidadão ainda veio me acusar de ter forjado a situação para ganhar um motor novo. Dá para acreditar? Deixei para lá e segui a vida.

Rodas de alumínio, opera windows, pintura em dois tons: tudo é exclusivo no Charger 1979

À esquerda, o velho e bom motor V8 de 5,2 litros. À direita, os detalhes do conjunto óptico

Com o motor novo, o carro finalmente ficou muito forte. Mesmo com o câmbio automático, ele canta os pneus ao sair mais rápido de um semáforo. É um carro que considero pronto, e não pretendo mexer nele tão cedo. Mas, um dia, quando houver terminado com a fila de carros para serem restaurados, quero refazer alguns detalhes.

Os Charger R/T 1979 são carros bastante raros, pois foram produzidas apenas 180 unidades. Creio que 50% ou 60% deles saíram na combinação bege e marrom, que, aliás, é a que mais marcou o carro. A combinação azul e azul, e a prata e preto são mais raras, sendo que a primeira foi mais comum nos primeiros carros, com números de chassi de milhar 88 mil e 89 mil; a segunda apareceu a partir do número de chassi de milhar 90 mil. Nunca se terá esse

O raro Charger R/T 1979 e o charme da placa DGE-1979, como era padrão nas fotos de fábrica da Chrysler dos EUA

número preciso, porque, até onde sei, a Chrysler não fez nenhum registro de produção por cor, e, se fez, perdeu-se no tempo. O R/T 1979 foi o primeiro carro de série a sair de fábrica com rodas de liga leve. É um carro muito interessante, com a pintura em dois tons, *opera windows* (que eu chamava de "grades" quando eu era criança), frente de fibra, design brasileiro e exclusivo dos Dodges nacionais. Apesar de tudo, ainda não é um carro tão desejado, com os preços ainda em patamares medianos, com alguma facilidade de ser encontrado. Creio que é uma excelente aposta para o futuro, em termos de coleção.

Adesivo que vinha em alguns carros da linha 1979, possivelmente nas primeiras unidades

Alexandre Badolato 41

Depois de tanto trabalho, dores de cabeça e dinheiro gasto com o meu R/T azul, vi anunciado um R/T 1979 bege, em Caxias do Sul, em excelente estado, com manual original e nota fiscal. O carro custava até menos do que eu gastei na dolorosa restauração do R/T azul. Acabei fechando negócio, com pagamento em quatro vezes e retirada do carro após a quitação. Com o carro pago, aproveitei uma visita a um cliente na cidade de Dois Irmãos, no Rio Grande do Sul, e voltei com o carro. Uma viagem de mil quilômetros de Dodge é sempre algo inesquecível. Viajar com um Dodge novo, lindo e, principalmente, de um modelo que marcou tanto, é uma experiência única. Enquanto fazia as curvas da serra de São Marcos em direção à Vacaria, só me recordava da cena do Charger R/T 1979 bege que passava em alta velocidade em frente ao *Jack in the Box* da praça Panamericana.

O Charger R/T 1979 bege e marrom, a combinação mais comum para o modelo

CAPÍTULO 4

Dodge Dart

Em termos de coleção, os Dodge Dart começaram a ter apelo maior de alguns anos para cá. Na década de 1990, possuía um Dart quem mantinha o carro que estava na família desde zero quilômetro, ou quem tinha um modelo em estado imaculado, ou quem não havia arrumado coisa melhor. A grande maioria se encaixava na última categoria, pois o que a maioria das pessoas queria era ter era um Magnum ou um Charger. Lembro que, em 1990, em uma reunião do Dodge's Clube, eu conheci um rapaz que estava transformando um Charger R/T 1978 em um Magnum. Ele já havia eliminado as rabetas e enxertado as pontas dos para-lamas traseiros do modelo novo. Pouco tempo depois, ele apareceu com o carro com o capô trocado, e a frente de fibra no lugar. Em seguida, pintou o carro, e ficou com o Charger transformado em Magnum, o que foi uma grande besteira, já que o carro não ficou nem uma coisa, nem outra. Mas foi a forma que ele encontrou de ter um Magnum.

Mas o caso é que, na época, Dart ninguém queria; de quatro portas, então, nem pensar. Havia um senhor grisalho, que frequentava os encontros da época, e que tinha um lindo Dart Sedan 1975 azul meia-noite. Ele morava numa travessa da avenida dos Bandeirantes, perto do viaduto da avenida Ibirapuera, e era uma daquelas exceções que confirmam a regra; outra exceção eram os Dart coupé de 1979 em diante, talvez por terem câmbio de quatro marchas ou

Modelo: Dodge Dart Coupé de Luxo	
Ano: 1974	
Cor: branco ipanema	
Produção: 8.320 unidades	

Características: Um carro elegante, porém despojado ao extremo. Originalmente vinham com direção mecânica e raríssimos exemplares do modelo tinham direção hidráulica. É um carro pesado para se dirigir e não muito confortável. Mas é lindo. Como foi bastante produzido, é um carro muito fácil de ser encontrado, porém normalmente bem maltratado.

Coupé de Luxo 1974

automático, no assoalho. Nos últimos anos, porém, o Dart caiu no gosto da nova geração de aficcionados, chegando a preços superiores aos dos Magnum, principalmente os coupés 1971 e 1972, que têm a grade de alumínio igual à do Dart americano de 1969. A seguir, no gosto, vêm os coupés 1973 e 1974, que têm a grade plástica desenhada no Brasil, simples e de muito bom gosto.

Como sou da geração anterior, nunca cheguei sequer perto de comprar um Dart, até o dia em que aconteceu o episódio que narro aqui. Em 2002, eu havia saído da área comercial da empresa em que trabalhava para assumir a área de operações. Um dos meus novos subordinados, hoje um grande amigo, chama-se Guilherme. Minha paixão por Dodges era conhecida por todos (aliás, esse é um conselho que dou: comunique-se. Faça com que todos saibam que você gosta de carros; a chance de lhe oferecerem um carro interessante se multiplica). Em 2003, eu estava conversando com o Guilherme e ele me disse que o avô tinha um Dodge. Tomei até um susto. Perguntei que modelo era. Ele respondeu que era um Dart 1974, de duas portas, branco. Na hora, perdi o interesse, e continuei a conversa de onde havíamos parado. Cerca de um ano, ou ano e meio depois, já era bem amigo do Guilherme e ele veio falar comigo: *"Meu avô vendeu a casa e tivemos de tirar o Dodge de lá e levá-lo para o prédio em que ele está morando agora"*. Novamente, não dei muita atenção, até que ele completou: "*Pois é, fazia anos que eu não via o Dodge. Apesar de sujo, ele está muito bonito. Você acredita que o carro tem só 12 mil quilômetros?*".

Eu quase caí de costas! "*Como é? 12 mil quilômetros?!*" A história, e sempre há uma história, é que o avô dele tinha 98 anos. Quando comprou o carro, o Dart era o quinto carro que o procurador do Estado aposentado tinha simultaneamente. Ele comprou o Dart porque o achava muito bonito, mas comprou um carro muito básico, sem direção hidráulica. Ele já beirava os 70 anos de idade naquela época, e o carro era desconfortável de se usar (para ser honesto, hoje ainda é...). Mas o fato é que o Dodge ficou enfeitando a garagem, sem uso, enquanto um Galaxie completo era usado no dia a dia.

Paramos o que estávamos fazendo e fomos imediatamente para o prédio do avô do Guilherme para ver o carro. Era final de tarde, e descemos até a garagem para olhar o automóvel. A silhueta do carro podia ser vista por baixo da capa. Ao lado dele, havia uma VW Brasília em péssimo estado, que chegou a me desanimar pela possibilidade de o Dart estar em estado semelhante. Mas quando a capa começou a desnudar o carro, uma cena de cinema: surgiu um imaculado Dart Coupé, de um virginal branco polar, com teto de vinil preto. Um arrepio percorreu minha espinha e senti aquela dor de barriga de medo de perder um carro daqueles. Tinha de ser meu. O problema não seria o dinheiro, mas sim ganhar o apreço do velho para ele se desfazer do carro. Naquele instante, a porta do elevador se abriu, e o senhor Murillo, no auge dos seus 98 anos, veio em nossa direção. Os 40 metros que separavam o elevador do local em que estávamos foram percorridos durante uma eternidade, em parte por causa dos movimentos lentos do quase centenário senhor, mas muito mais por minha ansiedade. Mantive o controle, apresentei-me e logo engatei uma prosa ótima com ele. Ele me contou dos automóveis que havia tido, falou muito de um Jaguar 1951, depois do Galaxie, e das viagens para sua fazenda no Paraná. Por fim, contou a história do Dodge tirado na concessionária Janda em 1974. O carro é tão novo que o manual do proprietário nem sequer foi preenchido, e nenhuma revisão foi carimbada.

Saímos para dar uma volta, só eu e ele, no Dodge, sem os netos. Parecia que ele queria se concentrar em mim, para ver se eu merecia o carro. Saímos para uma volta dentro do condomínio em que estávamos. Eu fui dirigindo e ele foi ao lado. Assim que saímos da garagem, um grupo de sete ou oito meninas adolescentes foi atravessar a rua e eu parei para dar passagem a elas. Como certo silêncio invadiu o habitáculo do carro, comentei, para quebrar o gelo: *"Tem muitas moças nesses prédios, não é senhor Murillo?"*. Ele deu um sorriso maroto e respondeu: *"Tem muita viúva também!!!"*. E caímos na risada. Voltamos para a garagem e, confesso, nem prestei muita atenção ao carro, de tão concentrado que eu estava no quase centenário senhor. Descemos do automóvel e a pergunta teve de sair da minha boca, receosa de uma resposta não desejada: *"Senhor Murillo, eu adorei o carro do senhor. Tenho planos de montar um pequeno museu e adoraria ter seu carro exposto lá. O senhor me vende?"*. Ele respirou profundamente e disse que venderia, sim, mas que o preço os filhos é que dariam. Passei pela primeira etapa, mas outras viriam.

Aguardei algumas semanas para definirem o preço. Não chegaram a nenhuma conclusão, e pediram que eu mandasse uma oferta. Exatamente o que eu não queria, já que não desejava pagar demais por aquele carro, mas tampouco queria fazer uma oferta baixa. Fiz uma oferta que eu considerei justa. Veio uma contraoferta e, depois de alguns dias, chegamos a um valor intermediário. Eu queria depositar o dinheiro logo, mas ele só queria receber depois de assinar os documentos no cartório. A ansiedade era absurda, não via a hora de levar aquela joia para casa. Mas aí, uma sucessão de coisas aconteceu. Primeiro, um outro neto não queria que o carro fosse vendido. Depois, o documento de transferência sumiu. Após isso, o Murillo teve de ir resolver alguns problemas no Paraná e demorou a voltar. Na volta, providenciou-se a segunda via dos documentos. O neto voltou a questionar a venda do carro, pois queria

O design limpo do Dart Coupé é seu maior atrativo

o Dodge do avô para ele. Eu nem poderia ficar bravo, porque faria exatamente o mesmo, ou muito pior. O Guilherme chegou a se desculpar e pedir que eu desistisse do carro, pois já estava dando muitas discussões na família. Mas aí, quem bateu o pé foi o senhor Murillo, que disse que o carro era dele e que ele venderia o carro para o Alexandre! Assim sendo, cerca de dois meses após minha primeira visita ao carro, acabei tendo a autorização para depositar o valor numa sexta-feira no final da tarde, e ir buscar o carro no domingo pela manhã.

No domingo, peguei um táxi bem cedo e fui para a casa do senhor Murillo. Em alguns minutos, liguei o carro, me despedi e saí. Foi só aí que pude sentir melhor o automóvel, que marcava 13.760 quilômetros rodados. A sensação era de dirigir um carro novo. Um veículo um pouco duro pela falta de direção hidráulica, mas um carro novo. Tudo justo, tudo no seu lugar, tudo novinho. Uma experiência irreproduzível. Levei o carro para casa, dei uma lavada caprichada e aproveitei o sol quente para secá-lo completamente. Tirei fotos e guardei o carro. Ao contrário de vários casos que conheço, a quilometragem do meu aumenta. Conheci pessoas que tinham carros com baixa quilometragem e que desligavam o cabo do velocímetro para não somar dígitos ao hodômetro. Levei o carro tempos depois para a vistoria de placa preta e para uma reunião de ex-funcionários da Chrysler em São Bernardo do Campo. Na volta, na via Anchieta vazia, dei umas esticadas para encher o motor e fazer o velho novo Dart desfilar a 160 km/h.

As lanternas da linha 1973 e 1974 são exclusivas dos modelos brasileiros, design local

Apenas 13.810 quilômetros no hodômetro e o interior espartano

O vigia traseiro em curva para fora. Solução não convencional e muito estética

  Ter um carro com baixa quilometragem é um prazer e uma responsabilidade. Você tem de cuidar daquele carro mais que qualquer outra pessoa cuida. Aquele carro é uma referência de originalidade e precisa ser preservado. Você acaba se tornando até refém do carro ao resistir à tentação de somar-lhe quilômetros demais. O carro, quase cinco anos depois, encontra-se com 14.010 quilômetros, ou seja, rodei apenas 250 quilômetros com o carro, uma média de 50 quilômetros por ano.

O carro é tão novo que dá pena de usar

CAPÍTULO 5

Dodge Char

No lançamento da linha 1979, a Chrysler buscava recuperar os volumes de venda, que vinham caindo exponencialmente ano após ano desde 1973, quando houve a primeira grande crise do petróleo. E houve um certo sucesso. Pela primeira vez, os números pararam de cair, e a produção da linha 1979 foi o dobro da produção da linha 1978. O responsável por isso foi o novo design, conseguido com a adoção da carroceria americana que sucedeu a carroceria "quadrada" (nos modelos 1967 a 1969 nos EUA, e nos anos 1970 a 1978 no Brasil) com uma nova frente em fibra de vidro, para economizar ferramental. E o sucesso tinha nome: Magnum e Le Baron (principalmente o Magnum). O novo top de linha dos Dodges grandes alcançou, em 1979, o mesmo número de vendas de toda a linha 1978, num total de 1.883 carros. Não era muito, mas, para um carro caro e que consumia muito combustível, era um número bastante razoável. Quem sofreu foi o Charger R/T, que, além de perder o posto de top de linha, acabou não caindo no gosto do consumidor e vendeu apenas 180 unidades.

O baixo volume de vendas do Charger foi atribuído ao estilo muito chamativo adotado. Para se ter uma ideia, a opção de cor prata e preto foi disponibilizada no meio da linha 1979, como uma opção mais discreta. Mesmo assim, não teve sucesso. A Nova Texas, uma das principais revendas Chrysler do Rio de Janeiro, recebeu dois Charger R/T prata e preto, mas antes de os carros serem expostos no

Modelo:	Dodge Charger R/T
Ano:	1980
Cor:	prata tibet
Produção:	19 unidades

Características: Esse é último modelo dos Charger brasileiros, um carro de maior sobriedade em relação a seu antecessor. Teve produção mínima no ano em que a Chrysler do Brasil já ensaiava o apagar das luzes, que aconteceria no ano seguinte. É um modelo de design limpo e elegante, mas que, por sua simplicidade, ainda não é muito desejado. Por ser tão raro, é uma peça de coleção de grande valor.

ger R/T 1980

salão de vendas, o dono da revenda levou os carros para a oficina, removeu as *opera windows* e pintou o carro todo de prata (na verdade, a cor chamava-se cinza báltico), para, aí sim, colocar os carros à venda. A solução da Chrysler foi corrigir o excesso da linha 1979. O Charger R/T passou a ser disponibilizado sem as *opera windows* e com a pintura em um único tom. As lindas rodas de liga leve continuaram no carro, como diferencial esportivo. A Chrysler anunciou o carro com o apelo de sobriedade, mas a percepção dos consumidores foi de simplicidade excessiva, e o carro vendeu apenas 19 unidades. O Charger R/T saiu de linha ainda em 1980, silenciosamente.

Hoje, com o acesso à informação sobre o número de carros produzidos, fica fácil saber por que não se via esse carro na rua: porque ele praticamente não existia! Os 19 carros ficaram espalhados pelo Brasil. Tive conhecimento de três que foram para o Rio Grande do Sul, um ou dois que rumaram para Santa Catarina, um que está no Paraná, um no Mato Grosso do Sul, uns três que ficaram em São Paulo, um que está em Minas Gerais, um em Goiás, e um ou dois que foram para o Nordeste. Ou seja, os carros se espalharam e sumiram. Com o advento da internet, começou-se a ter notícias deles. Aliás, a internet, quando se transformou em canal de comunicação e comercialização de carros antigos, passou, para os colecionadores de Dodges, uma falsa sensação de fartura. Começaram a aparecer

Dodges de todos os cantos do país, carros dos quais nunca se soube, mas a sensação de fartura é falsa porque, alguns anos depois, há a impressão de que já apareceu quase tudo o que tinha de aparecer. A internet universalizou o conhecimento sobre os carros existentes, porém a quantidade total é bastante pequena.

Em 1980, eu já era fã dos Charger 1979. Li nas revistas da época do lançamento da nova linha que o Charger passava a ser oferecido em um tom só e sem as persianas. Fiquei curioso para ver o primeiro na rua, mas nunca vi! Fui ver o primeiro Charger R/T 1980 dez anos após seu lançamento, na avenida Norte-Sul em Campinas, no sentido de quem vai para Mogi-Mirim. Era um automóvel azul geada já bem estragado. O carro parou ao meu lado em um cruzamento. Eu estava com uma Caravan Comodoro 1988. O Charger já estava bem podre, mas ostentava o tom original da pintura, as rodas e os emblemas com letra cursiva no para-lama dianteiro. Nunca mais vi esse carro ou encontrei alguém que tenha sequer ouvido falar dele.

Em agosto de 2004, em um dos primeiros números da revista *Classic Show*, vi o anúncio de um Dodge todo esquisito, anunciado como "Charger 1980". O carro tinha faróis de Opala e uma série de inovações na carroceria, feitas em fibra de vidro. O veículo estava na cidade de Carlos Barbosa, no Rio Grande do Sul. Foi novamente anunciado em edições posteriores, das outras vezes como "Dodge 1980", com a descrição de mais algumas "peripécias" feitas no carro: porta-ma-

O Charger em um encontro na cidade de Garibaldi, alguns anos antes de eu adquiri-lo

las e capô elétricos, interior em couro, som, etc. Aquele carro ficou meio "entalado na minha garganta" até que, alguns anos depois, outra pessoa anunciou o veículo, mas na internet, no site Mercado Livre. O carro estava agora na cidade de Encantado, Rio Grande do Sul, com um sujeito chamado Evandro. Liguei para ele e tivemos uma conversa muito amigável. O preço, porém, era alto, pelo menos para a época (se não me engano, 15 mil reais). Disse a ele que minha intenção era restaurar o carro todo, o que ele deve ter achado um blefe, pois insistia que estava novo, perfeito, que nada precisava ser feito. Mandou algumas fotos, e eu comecei a conhecer melhor "o tamanho da encrenca".

Algumas semanas depois, eu seguia mantendo algum contato com o Evandro. O preço, em negociação, já estava em 12 mil reais, mas eu relutava em comprar o automóvel, mais pelo receio de assumir aquela restauração do que por qualquer outra coisa. Até que um dia, o Evandro me telefonou, dizendo que queria comprar um Puma GTB, e que me venderia o carro por dez mil reais. Aí, não resisti. Eu não tinha todo o dinheiro, e pedi para pagar em três vezes, e o carro seria entregue após a quitação. Negócio fechado. Eu era o feliz proprietário daquela "coisa". Sessenta dias se passaram "voando", eu andava muito ocupado com trabalho e nem me dei conta de que o carro estava pago e precisava vir para São Paulo. O Evandro conseguiu um frete barato, de uma carreta que vinha buscar carros em São Paulo e saía vazia de Lajeado. Levou o carro rodando até Lajeado e o embarcou. O único senão é que o carro chegaria durante a madrugada de sábado para domingo, e eu precisava pegar o carro no meio da noite, porque o motorista sairia em seguida. Eram 2 horas da madrugada quando o telefone tocou, e o motorista avisou que estava me esperando. O que eu não imaginava é que ele estava em um hotelzinho de nona categoria, na rua Conselheiro Nébias, no meio da "cracolândia" (uma região de drogas e de drogados, em São Paulo). Peguei um cabo elétrico para fazer "chupeta", uma chave de fenda, um alicate, a máquina fotográfica, e chamei um táxi de um ponto que funcionava a noite toda. Quando dei o endereço, o motorista relutou em ir àquele local, àquele hora, mas acabou topando. E lá estava eu, às 2h30, em plena "cracolândia" procurando o motorista do caminhão. Cheguei ao hotel, e o recepcionista disse que o motorista havia saído para comer em um dos botecos da rua. Fui de um em um, sozinho, pois o motorista do táxi já tinha "dado no pé". Eu era o ser estranho no meio daquela horda de bêbados, drogados, travestis e prostitutas. Achei o motorista, e fomos descer o carro do caminhão-cegonha. Quando fui fotografar o carro descendo, achei melhor guardar a máquina. Havia se formado uma roda de pessoas exóticas, que acompanhavam o desembarque do automóvel como se fosse o evento da noite. E talvez fosse mesmo.

Pulei no carro e saí de lá o mais rápido possível. Na esquina da rua Major Sertório com a rua Amaral Gurgel, bem embaixo do Minhocão (o elevado Costa e Silva), eu parei em um posto de gasolina para abastecer o carro e então pude tirar a primeira foto do automóvel. Não tinha visto o carro pessoalmente ainda. Apesar de ir ao Rio Grande do Sul com certa frequência naquela época, a cidade de Encantado estava muito fora das minhas rotas. Acabei comprando o carro "no escuro". Foi a primeira vez que fiz isso, coisa que acabou virando uma constante nos anos seguintes. E a surpresa foi o carro ser muito, mas muito superior ao que eu imaginava. Estava novo, uma delícia de andar, com pouco mais de 80 mil quilômetros rodados. O câmbio automático estava perfeito, e tinha engates suaves e precisos, e a suspensão estava firme, algo raro em Dodges, que normalmente têm as bandejas, pivôs e terminais estourados. Estava tão gostoso rodar com aquele carro no centro de São Paulo em plena madrugada que eu cheguei em casa após as 5 horas, com o dia começando a clarear. Adorei o carro. Foi paixão à primeira "direção".

Num posto da rua Amaral Gurgel, às 3 horas da madrugada ... Meus primeiros minutos com o "transformer"

Nos dias seguintes, sempre saía para dar uma volta com o carro, mas sempre à noite. Tinha vergonha de sair com o carro de dia. Num domingo ensolarado, estava dando uma volta no meu bairro, quando cruzei com um senhor que dirigia um Magnum 1979 branco e preto, absolutamente original. A cara de reprovação do sujeito ao olhar meu carro de cima a baixo era indescritível. Deu vontade de colocar um adesivo escrito *"Não fui eu quem fez isso"* no vidro traseiro do Charger.

Pesquisando a história do carro, cheguei à pessoa que havia feito a transformação no carro, um industrial de calçados de Novo Hamburgo, que mexeu no automóvel no início dos anos 1990. Era um sujeito excêntrico, que teve alguns Corvettes e que cometeu aquela "personalização" no Dodge. Apesar do tremendo mau gosto, devo dizer que o trabalho havia sido muito bem feito. Os novos vincos laterais, esculpidos em massa plástica, eram tão lisos e sem ondulações que eu imaginava tratar-se de outro material. As peças de acabamento da nova frente, as lanternas traseiras com os vincos removidos, os para-choques embutidos, tudo se encaixava com precisão; as peças foram manufaturadas novamente para dar as inclinações e as distâncias corretas. Deu até prazer em destruir aquilo tudo! O tal senhor de Novo Hamburgo acabou vendendo o carro, que havia tido uma sequência de donos em cidades diferentes. O Evandro me contou que, quando comprou o carro, foi a um evento de carros antigos com ele. Chegando lá, todo feliz com seu Dodge, acabou sendo hostilizado por alguns frequentadores, que acharam absurda a transformação feita no Dodge, e imaginando que ele havia sido o autor da barbárie. Tenho certeza de que isso ajudou a motivá-lo a vender o carro.

À esquerda, a remoção dos vincos laterais expôs a pintura em cor prata tibet, que estava intacta abaixo das camadas de massa plástica e de tinta branco pérola. À direita, os spoilers de fibra de vidro foram removidos sem piedade

Hora de trabalhar. Havia conhecido o senhor José Amorim e seus filhos havia alguns meses, quando, em outra história maluca, tive de sair correndo do escritório para me encontrar com um motorista de caminhão maluco, que estava trazendo um motor Emi-sul para mim de Belo Horizonte. Era uma carona num frete, mas eu havia combinado de receber o motor em minha casa. Só que o condutor simplesmente mudou de ideia e resolveu que eu tinha de ir buscar o motor em Osasco, ou ele voltaria para Minas Gerais. Saí correndo, me perdi em Osasco, mas achei o caminhão. Estava trazendo um Esplanada GTX completamente podre e um Regente sem assoalho, já que o mato havia crescido e absorvido o fundo do veículo. O Jeferson, filho do José, estava lá, e teve a boa vontade de me ajudar como o motor, chamando um guincho de um amigo para levar até o meu galpão, no bairro do Ipiranga. Perguntei o que seria feito daquele GTX. Sem pestanejar, ele disse que o carro seria restaurado, e que de dois carros sairia um. Não acreditei muito, até ir à oficina ver o outro Esplanada no qual o José estava fazendo a funilaria. Fiquei impressionado com a habilidade dele em fabricar peças a partir de chapas planas, e em ver a boa vontade com que eles trabalhavam. Combinamos que, assim que surgisse a oportunidade, eles restaurariam um Dodge meu. E a oportunidade tinha chegado. Íamos restaurar o "transformer" juntos.

A desmontagem começou com um verdadeiro trabalho de arqueologia, para achar a lata original com todos os seus vincos por baixo da massa plástica e da fibra. Em algumas semanas, o carro já tinha outra aparência. Em menos de um ano, foi feita toda a funilaria, e o carro foi pintado. Precisei localizar um sem número de peças, a começar por uma nova frente de fibra para susbstituir a que havia sido adaptada para os faróis de Opala. Os frisos autocolantes vieram de um Magnum 1980 que um negociante de peças desmanchou. Os bancos com forração original e as laterais de porta vieram de um outro Magnum 1980, também desmanchado. É impressionante como se desmanchou carros Magnum e Le Baron nos últimos anos. Eram carros de preços ainda mais baixos, mas que forneciam peças cujos preços dobravam a cada ano. As rodas vieram de um Charger R/T 1978 vermelho verona que eu comprei em Vitória, no Espírito Santo. O carro custou o dobro do que vale um jogo dessas rodas hoje, e ainda restou o carro para ser restaurado algum dia. Aliás, esse Charger R/T 1978 é uma verdadeira incógnita. Tem placa de Guarapari, Espírito Santo, e eu não sei absolutamente nada sobre o

O interior original substituiu os bancos que haviam sido forrados em couro

carro. Comprei de um rapaz que não soube me dizer nada sobre o passado do automóvel, se sempre foi capixaba, como herdou essas rodas de R/T 1979 e 1980, nenhuma informação. Perguntei sobre o carro para alguns amigos "dodgeiros" de Vitória e ninguém jamais ouviu falar desse carro lá. Ele continua guardado, aguardando o dia de ser restaurado.

Os frisos da traseira – dois frisos paralelos de aço inox – têm uma história interessante. Esses frisos são exclusivos dos Charger R/T 1979 e 1980. Somando a produção dos dois anos, apenas 199 carros saíram com esses frisos. Em 1992, vi um R/T 1979 prata e preto ser desmanchado em um conhecido lugar chamado Landauto, ponto final da vida de centenas de Galaxies e de algumas dezenas de Dodges. Desci, olhei o carro, vi os frisos do lugar e comprei-os. Achei que um dia poderia precisar deles. E precisei mesmo, 13 anos depois. Com o Charger pintado, começou a parte mais prazerosa da restauração: a montagem. É quando se vê o carro tomar forma, deixando de ser uma coisa desmontada e voltando a ser um automóvel, só que absolutamente novo e perfeito.

Os spoilers de fibra de vidro foram removidos sem piedade

O Charger finalmente ficou pronto em 25 de janeiro de 2005, e, tal qual antes da restauração, era uma delícia de andar. Em 2006, fui até o Encontro de Carros Antigos de Araxá com ele, uma viagem de 1.300 quilômetros, ida e volta. Na ida, perdemos muito tempo, pois a viagem foi muito demorada. Estávamos indo em três Dodges a Araxá, um Charger R/T 1971 verde tropical, do Lincoln, um Charger R/T 1971 amarelo boreal, do Carlos Pereira, de Jundiaí, e o meu Charger R/T 1980. O Charger do Carlão teve um problema na bomba de combustível, e, nas subidas, perdia velocidade até quase parar, e nos trechos planos e nas descidas, o carro voltava ao normal. Na ida, levamos mais de dez horas para chegar. Na volta, eu estava sozinho e compensei a demora da ida. Viajei fazendo o motor do Charger trabalhar. Foi uma sensação de dever cumprido que não tem preço. É certamente um dos Dodges de que mais gosto da minha coleção, e, de todos os carros que tive, é um dos que mais me deu prazer.

No caminho de Araxá, o encontro de gerações de Dodges

Alexandre Badolato 61

*Um Charger sóbrio
e elegante*

CAPÍTULO 6

Dodge Dart Se

Era setembro de 1978, cerca de 7 horas da manhã. Eu saía da minha casa em São Caetano do Sul todos os dias pontualmente às 6h45, pois estudava na Vila Nova Conceição, e a aulas começavam às 7h30. Meu pai fazia, todos os dias, o mesmo ritual: saía de casa, deixava eu e minha irmã na escola, e ia para o trabalho. Todos os dias, cruzávamos a avenida Nazaré pela rua Padre Marchetti. Justamente nessa esquina ficava o *showroom* da loja Chambord Auto, uma das maiores revendas Chrysler do Brasil. Quem passa lá hoje não consegue imaginar que um dia houve uma concessionária de automóveis onde atualmente só existe um jardim de rosas de um convento. O *showroom* era naquele local, e a oficina ficava na rua Padre Marchetti mais para baixo, do lado direito, na mesma calçada. Eu adorava quando o semáforo fechava e o carro do meu pai ficava na primeira fila. Dava então para ver com calma os Dodges expostos na Chambord. Naquele dia, isso aconteceu, e na vitrine da revenda haviam chegado recentemente os novos Dodges, a linha 1979. Lembro-me como se fosse hoje de um Magnum branco com teto bege, maravilhoso e imponente, no lugar de destaque. Foi amor à primeira vista. O Magnum passou a ser meu carro favorito a partir daquele dia.

Meu pai nunca gostou muito de Dodges, pois eram caros, gastões e, segundo ele, desajeitados para se dirigir e estacionar. Meu

Modelo: Dodge Dart Sedan de Luxo
Ano: 1979
Cor: bege cashmere
Produção: 335 unidades
Características: A versão Dart de quatro portas da linha 1979 mostra um carro despojado e bastante raro. Algumas unidades vinham com câmbio automático, e as outras sempre com câmbio de três marchas na coluna. A produção foi muito pequena, incluindo certa quantidade de veículos na cor preto onyx para uso do senado federal. É um carro raro e muito interessante, que ainda pode ser encontrado por preços relativamente baixos.

dan de Luxo 1979

avô, pai da minha mãe, teve três Dodges. Em 1971, ele trocou um Esplanada 1969 verde por um Dodge Dart Coupé 1971 de cor verde minuano, zero quilômetro. Trocou é força de expressão. O Esplanada já valia tão pouco naquela época que ele simplesmente comprou o Dart e encostou o Esplanada na fábrica que ele possuía.

O primeiro Dodge do meu avô, um Dart Coupé 1971 verde minuano em foto da época

Alguns anos depois, ele comprou um Charger R/T 1973 cor amarelo enxofre cítrico, já com algum uso, e manteve os dois Dodges por algum tempo. O Dart foi vendido alguns anos depois. Com o fechamento dos postos aos finais de semana, meu avô não conseguia ir e voltar para seu sítio em Jaguariúna com um único tanque de combustível. Teve de comprar um recém-lançado Corcel II (uma cor esquisita, rosa metálico, igual a poucos que vi na época, e depois nunca mais).

O segundo Dodge do meu avô, um Charger R/T 1973 amarelo enxofre cítrico, numa viagem para Santa Catarina

Mas minha avó não gostava de viajar no Corcel II. Com o lançamento da linha 1979, com o tanque de 107 litros (contra 62 litros do anterior), já seria possível viajar. Meu avô comprou, então, um Dodge dos novos. A notícia chegou para mim como uma bomba: meu avô havia comprado justamente meu carro favorito. No dia 30 de outubro de 1979, saía da Chambord Auto o Dart Sedan de cor bege cashmere do meu avô. Pode-se ver que ele não teve muita pressa e nem quis gastar muito. Quando ele comprou o Dart 1979, já havia carros da linha 1980 à venda. Além de o carro ser o modelo mais barato da linha, o desconto era bom por não ser da linha nova. Na negociação, ainda veio um jogo de calotas de Le Baron e um jogo de tapetes de borracha marrom. Eu não via a hora de ver o carro, mas, quando vi, tive uma certa decepção. O carro tinha a traseira nova, mas não tinha a nova frente de quatro faróis de que eu gostava tanto. Foi aí que me dei conta que meu avô tinha comprado um Dart. Via-se pouco desses Darts na rua, e hoje sei que a produção do modelo foi baixa: foram feitos apenas 335 Dart Sedan em 1979. Mas a decepção passou rapidamente e eu me apaixonei pelo carro.

Meu avô não usava o carro durante a semana, continuava com o Corcel II. O Dodge era para viajar, e passava a maior parte do tempo dentro da garagem fechada que havia no fundo da casa dele. Eu passava muito tempo com meus avós e, naquela época, a maior parte do tempo dentro do Dodge. Conhecia cada centímetro quadrado do carro. Um pequeno defeito, uma "verruga" preta no bandô da porta traseira esquerda, era a marca registrada do carro, como se fosse a pinta da Cindy Crawford. A estreia do carro foi em uma viagem para Santa Catarina, para a praia de Barra Velha. Fomos com dois carros: meu avô, com o Dodge, e meu pai, com um Opala Coupé 1976 marrom metálico, que ele acabara de adquirir de um primo da minha mãe, que trabalhava na General Motors. Durante a viagem, o

O terceiro e último Dodge, o Dart Sedan 1979 bege cashmere, no litoral de Santa Catarina, em janeiro de 1980

rádio do Dodge parou de funcionar e meu tio aproveitou para fazer a revisão dos mil quilômetros na Manchester Veículos, concessionária Chrysler de Joinvile. Lembro-me dessa viagem como se fosse hoje. A estrada estava repleta de argentinos em seus Ford Falcon lotados; meu pai se divertia dando sinal de luz alta para os argentinos, como se estivesse alertando-os sobre o controle de velocidade. Os argentinos agradeciam, acenavam e reduziam a velocidade, mas era pura galhofa do meu pai, já que não havia controle de velocidade algum.

Quando somos criança, o tempo parece passar muito devagar. E isso faz todo o sentido. Para uma criança de dez anos, um ano representa 10% da sua vida. Para um homem de 50 anos, o mesmo ano representa apenas 2% de sua estada na Terra até aquele momento. Digo isso porque os oito anos que se passaram entre essa viagem e a minha maioridade pareceram uma eternidade. Mas o fato é que passaram, e em 1988, eu tirei minha carteira de habilitação, ou a minha "carta", como sempre falei.

Antes de eu comprar o Le Baron 1981 marrom avelã, como contei no início, tentei convencer meu avô a me vender o Dart bege. O carro, àquela época, era novo, cheirava àquela mistura ímpar de cheiro de carro novo com uma pitada de mofo, o novo ficando velho. Tinha 30 mil quilômetros rodados. Insisti muito, mas foi em vão. Meu avô dizia que carro velho não dava futuro, que era uma perda de tempo, que eu tinha de andar sempre de carro novo. É óbvio que os conselhos dele não foram ouvidos, senão este livro não existiria. Por outro lado, meu avô cumpriu uma promessa que havia feito ao neto mais velho e, naquele ano, junto com um dos meus tios, me deu um Fiat Uno. E foi graças a esse Fiat Uno, que virou meu carro de uso, pude comprar meu Dodge. Já que meu avô não iria me vender o dele, eu tinha de comprar outro. Aí veio o Le Baron 1981 marrom avelã, que até hoje está comigo. Já o Fiat Uno morreu num poste um ano e meio depois. Com a indenização do seguro, comprei outro Fiat Uno, que teve seu cabeçote estourado com apenas oito mil quilômetros rodados. Aí troquei por uma Caravan 1988 que era do meu pai, e desisti dos carros de plástico.

Pouco tempo depois, tive uma surpresa: meu avô vendeu o Dodge a outro tio, médico, que o guardou no consultório. Esse meu tio usou o carro um pouco, aplicou um antiferrugem nas caixas e nas portas, trocou os pneus originais Cinturato NC por pneus radiais mais modernos, e só. O carro continuava exatamente no mesmo estado, quando, em 1999, ele anunciou o carro nos classificados do Estado de São Paulo com 43 mil quilômetros rodados. Eu não fiquei sabendo que ele venderia o carro, mas, mesmo que soubesse, não sei se teria conseguido comprar o carro, já que naquele mesmo momento eu passava por uma fase difícil, como já mencionei.

Seis anos depois, a história do Dart voltou a se entrelaçar com a do Le Baron 1981 avelã. Quando eu estava na busca desenfreada para localizar e recomprar meu primeiro Dodge, tive a ideia de tentar localizar o Dart que fora do meu avô. Em todas as fotos que eu tinha, o carro ainda estava com placa amarela. Liguei para meu tio, que também havia sido dono do carro, e perguntei qual era a placa cinza do Dodge do vovô. Ele me disse que era CSW-2740. Pedi para um despachante levantar os dados desse carro, e cheguei ao nome de um senhor de Jundiaí, chamado Gilberto. Com o endereço, localizei o telefone e liguei para ele naquela noite. Perguntei se ele tinha um Dart Sedan 1979 e ele disse que sim. Viva! Achei o carro, e ele ainda existia! Perguntei se ele tinha interesse em vender, mas ele disse que naquele momento não venderia, mas que estava restaurando um Mustang 1974 Ghia e que, quando terminasse a restauração, venderia o Dodge, pois não queria ter dois carros antigos. E estimava que isso aconteceria em seis ou oito meses.

Naquele momento, tive uma dúvida tremenda: contar ou não que o carro havia sido desde novo do meu avô e que tinha um valor sentimental para mim? Se eu abrisse o jogo, certamente ele me procuraria assim que quisesse vender o carro, mas também me esfolaria no preço. Se eu não falasse nada, correria um grande risco de ser esquecido, pois quem tem carro antigo bom é frequentemente indagado sobre venda. Não quis correr risco e contei toda minha história com o carro. O Gilberto ficou feliz pela minha empolgação em ter o carro e, principalmente, por já ter garantido a venda futura do Dodge.

Cerca de seis meses depois, em 2004, o senhor Gilberto me telefonou. O Mustang estava pronto e o Dodge seria vendido. Marquei de ir ver o carro em Jundiaí, num estacionamento que ficava em uma edificação antiga, que servia de abrigo para alguns carros antigos. Ao chegar lá, foi forte a emoção de rever o carro após tantos anos. Externamente, o carro estava idêntico ao que era antes, inclusive com toda a pintura original de fábrica. Abri o carro e fui direto para a forração da porta traseira, procurar a "pinta da Cindy Crawford" no bandô. Aí a surpresa foi muito desagradável. Um dono anterior, sobrinho de quem havia comprado o carro do meu tio, havia instalado um câmbio de quatro marchas no assoalho no lugar do câmbio de três marchas com acionamento na coluna de direção. Para isso, ele teve de retirar o banco inteiriço original e substituir por dois bancos individuais. Como ele não encontrou o tecido original e nem algo parecido, retirou toda a tapeçaria original do carro e forrou-o com um tecido marrom escuro simplesmente horroroso. Nos bandôs, o courvin beginho e delicado deu lugar a um grosseiro courvin tar-

tarugado também marrom escuro. Para completar o show de horrores, quatro enormes encostos de cabeça vazados foram instalados nos bancos, dois na frente e dois atrás. A decepção foi gigantesca. O senhor Gilberto me ofereceu para dar uma volta no carro e, pela primeira vez na vida, dirigi aquele carro que marcou tanto minha infância. A sensação boa me fez ir aos poucos me recuperando do choque pela destruição do interior original do carro, que era impecável.

Mas mais problemas vinham pela frente. Quando voltamos ao estacionamento, estava decidido a comprar o carro, mesmo com aquele interior pavoroso. Eu daria um jeito naquilo, apesar de não ter ideia de como. Perguntei, então, ao Gilberto quanto ele queria pelo carro. "*Eu faço por 25 mil reais*", foi a resposta. Naquela época, isso era caríssimo. Se poucos Charger R/T valiam isso, imagine um Dart quatro portas cor de pão. Suei frio e disse ao Gilberto que iria pensar e depois responderia a ele. Muito desanimado, levei dias para ligar e dizer que não ficaria com o carro. Mais tantos dias se passaram e ele me ligou novamente, mas, coincidentemente, todas as vezes em que ele ligava, eu estava em reunião e não podia atender. Ele deve ter achado que eu não queria atender. Na ligação seguinte, atendi, e ele baixou o preço para 22 mil reais. Eu disse que não dava e, para resumir, após ter se passado um mês desde que eu fora ver o carro, fechamos negócio por 18 mil reais, em duas parcelas de 9 mil reais.

Eu e o senhor Gilberto Mucha, no dia em que fui buscar o Dodge

Como de praxe, eu retiraria o carro após completar o pagamento, e, um mês depois, o carro finalmente, após tantos anos, era meu. Voltei para casa com uma sensação única. Minha coleção estava crescendo, e os dois carros que haviam marcado a minha vida estavam comigo: um todo destruído, é verdade, e o outro com aquele interior aterrorizador. Mas estavam comigo. Para sempre.

Eu tinha certa vergonha de andar com o Dart na rua, de tão feios que eram os bancos. Mas após retirar os gigantescos encostos de cabeça, a aparência melhorou muito. Fiz algumas viagens com ele, cheguei a ir a Niterói levar a noiva de um amigo para a igreja. Mas os bancos continuavam me incomodando. Certo dia, vi um anúncio na internet que vendia um Dodge Dart 1979, com 19 mil quilômetros rodados, para se tirar as peças, por 4 mil reais, com telefone do Rio de Janeiro. Aquele anúncio chamou minha atenção. Como é que alguém anuncia um Dodge com 19 mil quilômetros rodados para se tirar peças?! Liguei para o número do anúncio, atendeu um rapaz, dono do carro, que me contou a história. Aquele carro era de Porto Alegre, mas o dono tinha um apartamento no Rio de Janeiro. Quando o carro era novo (presumo que em 1982, por causa de alguns objetos e papéis de troca de óleo que encontrei no carro), o primeiro proprietário foi com o Dodge de Porto Alegre para o Rio de Janeiro. Lá no Rio, aconteceu algum problema (não sei se com o dono ou com o Dodge), e o carro não voltou para Porto Alegre. O dono do carro faleceu em seguida, e o Dart ficou parado na garagem do prédio de apartamentos por duas décadas, no mesmo lugar. O carro havia sofrido vandalismos, o espelho retrovisor foi quebrado, e havia muitas manchas de tinta branca e cinza. A impressão que dava é que, a cada reforma da garagem, o carro era pintado junto. Perguntei a cor do carro. Era vermelha. Rapidamente, imaginei um Dart Sedan vermelho alcazar, algo que até aquela época eu nunca tinha visto. Perguntei sobre o interior do carro e o homem me garantiu que era novo. *"O interior é preto, não é?"*, perguntei apenas para confirmar, pois nos Dodges vermelho alcazar da linha 1979 e 1980, o interior era obrigatoriamente preto. *"Não. É bege"*, respondeu o carioca. Havia alguma coisa errada, mas o interior bege era exatamente o que eu precisava para arrumar o Dodge do meu avô. Pedi fotos, recebi algumas em baixa resolução, mas foram suficientes para ver que se tratava do tecido original. Fechei a compra do carro e, nos dias seguintes, acertamos um frete de plataforma.

Estava voltando de uma viagem de negócios para São Luiz no Maranhão, o voo havia atrasado e o guincheiro já deveria estar me esperando em casa para descarregar o carro e receber o pagamento. Quando cheguei, já tarde da noite, o carro já estava lá. Descemos o Dodge e aí comecei a inventariar o carro, no escuro. O carro era extremamente liso, praticamente sem podres na lataria. Os cromados, por outro lado, estavam se esfarelando por completo. As lanternas traseiras estavam desmanchando, os para-choques estavam condenados, bem como as maçanetas. Mas a lataria estava perfeita. Olhei os pneus e tomei um susto: quatro Cinturatos NC originais de fábrica, novos. O carro realmente tinha 19 mil quilômetros, não havia dúvida. Faltava agora elucidar o mistério do interior bege. Abri o capô e fui olhar a plaqueta. Cor: ST2, ou seja, bege cashmere, igual ao carro do meu avô. O automóvel havia sido pintado de vermelho. E as semelhanças não paravam aí: as plaquetas eram absolutamente iguais, exceto pelo número de chassi: o do meu avô era o 91.713 e do carioca era 91.715!

Os carros haviam sido fabricados no mesmo dia! Ficaram alinhados na linha de montagem, separados apenas por um carro. Não conseguia acreditar na coincidência. Decidi, então, pela coincidência e pelo estado geral do carro, que não iria tirar um único parafuso do carro. Apesar de ter comprado esse carro apenas para retirar o interior, o veículo seria restaurado.

O Dart de chassi número 91.715 na noite em que chegou à minha casa

O interior do carro de chassi número 91.715 que motivou a compra para ser doado ao carro número 91.713. A doação foi cancelada ao se verificar o estado do carro

A situação era a seguinte: mais um carro na fila de restauração, e o Dodge do meu avô continuava sem os bancos originais. Não me lembro exatamente quando conheci o Aníbal, ex-dono da Nova Texas, e o Alexandre Ribeiro, que trabalhava com ele. Mas uma vez, numa conversa sobre peças que ainda restavam no estoque da antiga concessionária, ele mencionou algumas forrações originais. Assim que fui para o Rio de Janeiro a trabalho, algum tempo depois, passei na Biarritz, oficina do Aníbal no antigo prédio da Nova Texas. Havia uns dois cômodos forrados de peças, quase tudo novo. Numa prateleira, estavam as capas dos bancos. Começamos a revirar tudo e achamos várias peças de interior de Dart 1979 bege. Levei algumas no avião para casa. O Alexandre ainda iria procurar em outras caixas e me despacharia o restante pelo correio. Conseguimos as quatro laterais de portas novas, na embalagem Mopar. O tecido dos bancos, apenas no caso dos Dart com interior bege, era o mesmo do forro do teto. E eu tinha um forro de teto de Dodge Polara novo, na caixa, guardado desde os tempos de Chambord Auto. As portas estavam resolvidas. Com as capas de banco que consegui, daria para acertar o interior também. Havia peças repetidas, como o encosto do banco traseiro, mas daria para fazer um jogo e ainda sobrar alguma coisa. Só faltava encontrar um banco interiço de Dart 1979 para colocar as capas.

As raras peças encontradas ficaram guardadas enquanto eu seguia minha busca por um banco. Certo dia, passei na Stratus, oficina do Sócrates, velho conhecido dos donos de Dodge de São Paulo. Ele chegou a ter muita coisa na década de 1990, mas acabou diminuindo bastante de tamanho. Mas ainda se encontram coisas boas no meio das peças dele. Perguntei se ele sabia de algum banco interiço de Dart 1979. Ele apontou um Dodge desmontado que estava fazendo funilaria e disse que o dono iria customizar o carro, colocar bancos individuais, e talvez vendesse o banco original. Fui dar uma olhada no carro, que tinha uma cor bege mais escuro. Pensei se tratar de um Dart castanho camurça 1980, e fui checar a plaqueta. Era bege cashmere mesmo. E o chassi? 91.714!!! Aquilo não era possível! Os deuses do antigomobilismo estavam pregando uma peça em mim. Três carros idênticos com chassi sequencial?!

A inusitada e improvável sequência de chassis: 91.713, 91.714 e 91.715!

Não consegui comprar o carro, pelo menos naquela época. Negociei a compra do banco com o dono do carro, e fui buscá-lo logo em seguida. Tentei novamente comprar o carro, mas ele foi irredutível. Pelo menos, o Dart número 91.713 iria ganhar o banco do 91.714, ou seja, um banco que ele poderia ter recebido na fábrica, se o operário pegasse um dos bancos em vez do outro. Coisa de maluco, não? Cheguei a questionar minha sanidade. Já tinha toda a matéria-prima para acertar o interior do carro do meu avô. Mas aí veio outra questão: se eu tirasse o câmbio de quatro marchas, ficaria um furo no assoalho que precisaria de funilaria. E o carpete? O carpete original ficaria com um buraco. Não estava bom isso. Lembrei que eu tinha dois bancos dianteiros de Dart 1979 Coupé com forração preta. Tive uma ideia: como tinha forrações sobrando, iria restaurar o banco interiço e guardar. No carro, eu manteria o câmbio embaixo e colocaria os bancos baixos originais do Dart 1979, mas do Coupé. O carro ficaria com a configuração absolutamente original da linha 1979, mas do Coupé em vez do

Sedan. O carro seria um Sedan com interior de Coupé. E o banco inteiriço ficaria guardado, para, um dia, no futuro, poder voltar o carro à originalidade.

As capas originais prontas para ir para o carro de chassi número 91.713

O resultado ficou ótimo. As forrações novas ficaram lindas. Como eu iria restaurar o gêmeo na configuração original, ficaria com dois carros idênticos, porém um com três marchas na coluna e outro com quatro marchas no chão. O Dart 1979 do vovô estava pronto, com pintura totalmente de fábrica. As melhorias foram o câmbio de quatro marchas, o escape duplo e os aros e calotas nas rodas originais do carro. Comecei, então, a restauração do gêmeo. Foi uma restauração rápida, pois o carro era completo. Nenhum dos parafusos da parte inferior do carro haviam sido removidos antes, ainda estavam colados pelo emborrachamento original. Consegui dois para-choques novos, de um estoque de um amigo, bem como todas as peças cromadas. Eu tinha seis quartos de tinta bege cashmere original, em latas Mopar, então foi fácil reproduzir o tom. O carro ficou perfeito, lindo, novo. Modéstia à parte, parece um carro novo em uma concessionária. O único mistério continua sendo a pintura vermelha do carro. Na desmontagem deu para se ver que foi feita uma pintura profissional, sem gambiarras, no padrão original. Estou quase certo de que esse carro foi pintado de vermelho ainda zero quilômetro, na concessionária, ou a pedido do comprador, ou para desencalhar estoque. Como o primeiro dono desse carro já está do outro lado, acho que o mistério vai continuar.

O trigêmeo do meio, o 91.714, embarcando após a aquisição

O 91.715, absolutamente novo – e salvo do desmanche

Essa história terminaria por aqui se não fosse um telefonema em 2008. Era o Eduardo, dono do carro número 91.714. Ele havia montado uma oficina e estava desistindo do carro. Agora, os trigêmeos estão juntos. Quando o 91.714 for restaurado, vão ficar juntinhos, como na linha de montagem da Chrysler há 30 anos, e agora para sempre.

O 91.715 pronto: 19 mil quilômetros e ainda com os pneus originais de fábrica

A excentricidade máxima: dois carros idênticos

CAPÍTULO 7

Como diretor de vendas da empresa em que eu trabalhava na época, eu viajava bastante. Praticamente conheci o Brasil exercendo essa função. Aquele era o dia 9 de maio de 2005, e eu estava indo com o Ivo, o gerente regional responsável pelo Rio Grande Sul, para a cidade de Bagé, naquele Estado. Era a primeira vez que ia àquela cidade, que é praticamente na fronteira do extremo sul do Brasil. O Ivo me pegou no aeroporto em Porto Alegre e seguimos de carro até Bagé, em uma viagem de cerca de 400 quilômetros.

Naquela época, eu já tinha uma coleção bem completa de Dodges nacionais, mas me faltava preencher uma lacuna importante, e que parecia muito difícil de conseguir: adquirir um Charger R/T 1971. Desse carro existiam poucos conhecidos, cerca de 20 unidades, remanescentes de uma produção total de 942 automóveis. Estavam nas mãos de colecionadores, que certamente não iriam se desfazer deles, ou com as famílias dos primeiros donos dos carros. Ou seja, eram carros de difícil aquisição. Mas me incomodava o fato de apenas uma quantidade muito diminuta de carros ter aparecido. Mesmo sendo um carro muito dizimado na década de 1980, tinha de haver outros representantes do modelo escondidos, esperando ser descobertos. Esse pensamento ficou dançando em

Modelo:	Dodge Charger
Ano:	1971
Cor:	ouro espanhol
Produção:	1.320 unidades

Características: Em 1971, primeiro ano de fabricação dos Charger, havia duas versões do carro, o Charger e o Charger R/T. O Charger, por sua vez, tinha três versões, a básica (com três marchas, banco interiço e calotas), a automática (na coluna, com banco interiço e calotas ou rodas magnum) e a 4m (com quatro marchas, bancos individuais e calotas ou rodas magnum). O modelo em questão é o top da versão básica.

Charger 1971

minha mente durante os 400 quilômetros que nos levavam a Bagé. Fiquei com um pressentimento de que eu encontraria um carro em Bagé. E foi quase isso o que aconteceu.

Chegamos a Bagé ao anoitecer. Paramos o carro do Ivo, um Ford Focus champanhe que estava praticamente sendo estreado naquela viagem, e fomos jantar com o cliente. Foi um jantar longo, com muita conversa, e só conseguimos sair por volta da meia-noite. Nosso hotel ficava em uma praça bem central; em seu subsolo, havia um imenso estacionamento subterrâneo, provavelmente o maior da cidade. Encostamos o carro lá e, enquanto o Ivo pedia instruções para estacionar, soltei uma das minhas frases mais frequentes: *"Senhor, por favor, há algum Dodge abandonado nesse estacionamento?"*. O Ivo não acreditou no que ouvia; não era possível que eu não pensasse em outra coisa. E, pior, a chance de haver um Dodge abandonado no local era a mesma que a de encontrar uma agulha num palheiro. Mais espantado ainda ele ficou quando ouviu a resposta do senhor: *"Tem um só. Fica lá no fundo, atrás das colunas. Mas está todo largado"*.

Meu coração acelerou e rapidamente pensei: *"Só um?! Quantos ele pensou que eu esperava encontrar?!"*. Enquanto eu me dirigia ao fundo do estacionamento a passos acelerados, o Ivo dirigia até o local em que estava o Dodge, acendendo as luzes para iluminar o canto escuro em que o carro supostamente se encontrava. A primeira imagem foi um choque: as rabetas nas colunas C mostravam que se tratava de um Charger. A pintura preta na tampa do porta-malas, entre as lanternas traseiras, não deixava dúvidas: tratava-se de um modelo 1971!

O Charger 1971 ouro espanhol: 31 anos no fundo de um estacionamento subterrâneo

Por alguns instantes, exultei com meus poderes premonitórios, até então desconhecidos. Afinal, eu havia passado o dia inteiro imaginando que encontraria um carro desses em Bagé! A cena era estranhíssima: o carro estava em cavaletes, sem rodas, e os para-choques e os para-lamas estavam fora do carro, encostados na parede. O motor eu encontrei no chão, a uns dois metros à direita do carro. Não era um Charger R/T, mas um Charger 4m completo, o máximo que se podia comprar antes de um R/T. As diferenças entre os dois tipos resumiam-se à ausência da faixa na lateral traseira, aos bancos de jersey em vez de couro, e ao motor azul de 205 hp em vez do dourado de 215 hp. A cor, ouro espanhol metálico, não era disponível para o R/T. E eu não havia visto um Charger dessa cor até então.

Sob o teto estava encaixada a lataria de um teto novo, peça nova de reposição. O teto original do carro estava um pouco amassado, mais do lado do passageiro. A lateral direita estava também um pouco amassada, mas o carro possuía a pintura toda original de fábrica. No interior do carro, em vez dos bancos, havia sacos de lixo reciclável, com garrafas plásticas usadas, papelão, vidro, etc. Perguntei de quem era o carro e descobri que era do dono do estacionamento. Consegui facilmente o telefone dele e fui para o hotel. Obviamente, não consegui dormir direito aquela noite, imaginando qual a história do carro e se eu conseguiria comprá-lo.

No dia seguinte, depois de compromissos profissionais cumpridos até a hora do almoço, era o momento de ligar para o dono do carro e fazer os 400 quilômetros de volta a Porto Alegre, pois tinha o voo de volta marcado para o final da tarde. Liguei para o senhor Aristides Kucera, que depois vim a saber ser um senhor de mais de 80 anos, dono da estação de rádio da cidade, e que, após um imenso interrogatório sobre quem eu era e o que eu fazia em Bagé, contou-me a história do carro.

Em 1971, o senhor Aristides tinha umas 25 salas de cinema em cidades pelo interior do Estado do Rio Grande do Sul, além da Rádio Clube de Bagé. Além de administrar os negócios, o senhor Aristides viajava pelas cidades recolhendo a féria semanal dos cinemas, em locais como Bagé, Alegrete, Santana do Livramento, e outros. Rodava muito, sempre de carro. Seu amigo de longa data, o senhor Theo Obino, havia aberto recentemente a concessionária Chrysler da cidade, chamada Obinocar, e mandou o Charger 1971 ouro espanhol para o colega, dizendo que ele precisava de um carro melhor para viajar. O senhor Aristides nem queria comprar um carro novo, mas acabou aceitando a oferta, que já estava estacionada em frente ao Cine Avenida de Bagé.

Aquele Charger rodou muito de 1972 até 1974, quando aconteceu um acidente que o empurrou para o "coma" de 31 anos, com apenas 57.166 quilômetros rodados. Naquele dia de 1974, o senhor Aristides teve de ir a Porto Alegre levar a esposa para fazer alguns exames médicos. Pela distância, dormiriam na capital gaúcha. O filho mais velho dos Kucera tinha 14 anos e era apaixonado pelo carro. A viagem do pai era sua oportunidade de consumar aquela paixão platônica pelo automóvel. Junto com um amigo, o garoto pegou as chaves do carro e partiu pela rodovia em direção a Aceguá, na divisa do Brasil com o Uruguai. Rádio alto, alta velocidade, direção hidráulica Gemmer ultraleve e não progressiva foram uma combinação fatal. Em um determinado momento, o guri foi mudar a estação do rádio, desviou sua atenção, e o carro entrou com a roda dianteira direita no acostamento, bem desnivelado em relação à pista. Resultado: o rapaz perdeu a direção e o carro tombou no barranco.

Como castigo para o filho, o senhor Aristides deixou o carro exatamente do mesmo jeito que ficou no acidente, para mostrar a ele o que havia aprontado. Tempos depois, o senhor Aristides começou a desmontar o carro, encomendou um teto novo, mas nunca consertou o carro. Em 31 anos, muitas peças foram roubadas no estacionamento, como as rodas, e, acredite, o câmbio! O importante é que o motor original do carro e todas as peças de lataria originais do carro estavam lá. Até os bancos que não estavam no carro, depois acabei descobrindo, estavam em um Passat velho, também esquecido em outro estacionamento do meu novo amigo.

Depois de ouvir essa história fascinante, do carro dourado do dono dos cinemas, que cruzava o Estado recolhendo dinheiro vivo das bilheterias e que encontrava-se parado havia 31 anos, fiz a pergunta tão aguardada: *"Senhor Aristides, eu gostaria muito de restaurar esse carro. O senhor o vende para mim?"*. Para meu desespero, mas com um pontinha de esperança, ele me disse que havia dado o carro para o filho de um amigo, havia cerca de dois anos, mas que o rapaz nunca tinha vindo buscar o veículo, provavelmente desanimado com

O senhor Aristides apresenta aos filhos seu reluzente Dodge Charger, o primeiro a chegar a Bagé

a restauração que teria de encarar. O pai do rapaz havia comprado um Ford Landau do senhor Aristides e, quando veio buscar o automóvel, o filho quis comprar o Dodge e acabou ganhando o carro. O senhor Aristides ficou, então, de ligar para o rapaz e dizer que ia dar o carro para outra pessoa, caso ele não viesse buscar. Se ele desistisse do carro, o Dodge seria meu.

Os Dodges já estavam subindo bastante de preço naquela época, principalmente os Charger 1971 e 1972. E eu ainda poderia ganhar um?! Parecia demais para ser verdade. E acabou não sendo mesmo tão fácil assim. Dias depois, na data combinada, eu estava em Recife a trabalho e liguei para o senhor Aristides, que me disse: *"Guri, tenho uma má notícia para dar. Falei com o rapaz e ele vem buscar o carro. Infelizmente, não posso fazer nada. Se o carro fosse meu eu daria a você, mas prometi a ele primeiro"*.

A sensação de derrota foi grande, mas ainda restava a esperança de o rapaz não ir buscar o carro. A esperança durou pouco.

Semanas depois, o Ivo voltou a Bagé e me ligou do estacionamento. Disse que o carro não estava mais lá. Tristeza. O tempo passou e esqueci completamente esse carro, pois já estava caçando outros. Meses depois, recebi um e-mail de um conhecido chamado Rodrigo Caruncho. Ele disse que estava negociando um Charger 1971, mas que estava em dúvida se aquela cor seria a original. E me mandou uma série de fotos. Quase caí de costas quando abri a primeira! Era o "meu" Charger 1971 de cor ouro espanhol, abandonado num pasto, no meio de vacas!

O Dodge de cor ouro espanhol em uma fazenda em Cachoeira do Sul, antes de ser "de fato" meu

Contei rapidamente minha saga ao Rodrigo, que imediatamente me deixou à vontade para ir atrás do carro. Entre nós existe uma ética que, se algum de nós tentar comprar um carro, o melhor é não fazer segredo. Se a história for contada, quem conta terá a preferência para adquirir o carro. Se guardar segredo, corre o risco de alguém mais descobrir o carro e atropelar a compra. Mas o Rodrigo me "liberou", pois estava assustado com o tamanho da restauração que o carro iria demandar, e me passou o e-mail de quem havia mandado as fotos.

Entrei em contato com Fabrizio Haas, um pessoa muito correta, que era simplesmente o rapaz que havia ganho o carro do senhor Aristides. Ele tirou o carro do estacionamento e o levou para a fazenda do pai, em Cachoeira do Sul, a 200 quilômetros de Bagé. Fabrizio mantinha uma pequena oficina de restauração na fazenda, mas sua especialidade eram picapes e veículos militares. Foi mais um que se assustou com o tamanho da restauração que o carro demandava, e acabou deixando-o no pasto, sem qualquer destino.

Troquei alguns e-mails com ele, que se mostrou de muito bom senso. Deixou claro que não ia se desfazer do carro à toa, mas se

No dia 19 de setembro de 2005, ao reencontrar o Dodge 1971, em uma fazenda em Cachoeira do Sul, no Rio Grande do Sul

mostrou flexível. Depois de alguns dias, chegamos a um acordo, e o carro finalmente era meu. Próximo problema: como trazer um carro sem rodas, sem placa e sem documentos do meio de um pasto a mais de 1.300 quilômetros da minha casa?

Não havia outro jeito, eu teria de ir até a fazenda e levar rodas e pneus para preparar o carro para ser recolhido por uma transportadora. Marquei outra ida a Bagé, já que Cachoeira do Sul fica no caminho para quem vem de Porto Alegre. Comprei quatro rodas de Dodge em Caxias do Sul. O Ivo saiu de sua casa em Farropilha, apanhou as rodas em Caxias do Sul, buscou-me em Porto Alegre e fomos na direção sul para a fazenda em que estava o carro. Ficava bem afastada da cidade, numa estrada de terra absolutamente encharcada pela maior temporada de chuvas na região de muitos anos. Erramos o caminho algumas vezes, entramos em fazendas erradas, abrimos e fechamos porteiras, mas encontrei o Charger. A sensação era de reencontrar um amigo que não via havia muito tempo.

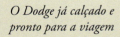

Motor largado no chão e cheio de água. Apesar da baixa quilometragem, entrou água em um cilindro e o motor precisou ser retificado

O carro estava cheio de água e o motor estava largado no chão com água dentro. Aqueles dias molhados dificultaram e encareceram bastante o processo de restauração, mas o carro estava lá, e finalmente era meu. Fizemos duas viagens até a cidade para comprar pneus velhos em uma borracharia, e calçar o veículo para a viagem de volta a terras paulistas.

O Dodge já calçado e pronto para a viagem

Dodge - História de uma coleção

Documento do Charger que mostra que o último licenciamento aconteceu em 16 de julho de 1973

Ainda demoraram algumas semanas para encontrar uma transportadora que levasse o carro a São Paulo. Depois disso, fui atrás dos documentos antigos do carro, absolutamente necessários para o transporte. Haviam sumido na fazenda. O responsável acabou encontrando semanas depois. O carro ainda sofreu durante o transporte, pois foi puxado pela travessa inferior do radiador, que amassou bastante, além de o teto novo simplesmente haver sido roubado no pátio da transportadora. Mais estresse e muita briga com a transportadora, que acabou não se responsabilizando por nada.

O Dodge chega a São Paulo em 30 de novembro de 2005

Mais de dois meses depois da minha ida a Cachoeira do Sul, no dia 30 de novembro de 2005, o carro chegou finalmente a São Paulo. Depois de toda essa epopeia, acabou ganhando o direito de furar a fila e ir direto do pátio da transportadora para a oficina em que seria restaurado.

O pouco do carro que ainda estava no lugar foi, então, desmontado. Comecei uma busca pelas peças faltantes, como a grade dianteira, as molduras dos faróis, a antena do rádio e dezenas de outros itens. Enquanto isso, o motor foi aberto em outra oficina, na qual se detectou que a umidade havia estragado um dos cilindros. O motor foi todo retificado na primeira medida, e foi inteiramente refeito, apesar de haver rodado apenas 57 mil quilômetros. O senhor José Amorim, meu funileiro favorito, que é capaz de fazer mágica com as mãos, solda e martelo, mergulhou no carro, desamassando o teto e a lateral direita, e refez algumas soldas. Deixou o carro absolutamente liso, sem um único grama de massa plástica ou algum artifício do gênero.

Durante a restauração, o Charger já esticado e sem nenhum grama de massa plástica

Os bancos em jersey com laterais de courvin são exclusividade dos Charger 1971 com câmbio de quatro marchas

O processo de pintura também foi demorado, principalmente para se chegar ao tom exato da cor ouro espanhol. A base foi a tinta da parte superior da porta direita, debaixo do bandô de courvin que o cobriu por 34 anos, já que aí a pintura era virgem. Fomos fazendo as alterações e pintando parte por parte do lado superior da porta, como se fosse um retoque, até o tom coincidir totalmente. O carro foi, então, pintado, as partes em preto vinílicas foram refeitas, e os para-choques e maçanetas, novamente cromados. Tive de localizar uma grade nova, pois a original do carro havia sido roubada no estacionamento em Bagé. Também tive de comprar quatro rodas Magnum e os frisos do vinil. A grade foi polida, as rodas, repintadas, e os frisos foram limpos. Com a montagem finalizada, o Charger foi para a oficina mecânica, e toda a parte elétrica foi refeita com chicotes originais. O motor e câmbio foram montados e, após quase 33 anos, funcionou, e o carro andou novamente.

A próxima etapa foi a tapeçaria. O carro foi para Campinas, e lá um tapeceiro muito talentoso ainda tinha o vinil original da época. Ele não vende o material, apenas instala, garantindo que o serviço seja feito por ele. Os bancos originais foram encontrados num Passat velho do senhor Aristides. O Ivo, novamente ele, trouxe os bancos para São Paulo de avião, um de cada vez, a cada reunião que ele tinha

O primeiro "brazilian muscle car"

na capital paulista. Uma vez de volta no carro, os bancos foram totalmente desmontados, a estrutura toda passou por um banho químico e por uma nova pintura. Por fim, foi instalada a tapeçaria em jersey e courvin, exatamente igual a quando o carro saiu de fábrica.

O carro ficou finalmente pronto depois de mais de dois anos de restauração, em dezembro de 2007. O único item em que não mexi foi a banana do painel. Nela, há uma marca na altura do volante, uma pequena cicatriz do acidente de Aceguá, que continua lá, como lembrança daquele ocorrido. Ao final, ficou a ótima sensação de ter trazido de volta um carro que tem uma história incrível, além de ser um exemplar raro e desejado, do primeiro ano de fabricação dos Charger brasileiros, em uma configuração muito interessante.

Esta foto é uma homenagem à revista Auto Esporte, que fez uma igual no lançamento do Charger 1971

CAPÍTULO 8

Dodge Char

    Um dos modelos de Dodge que eu sempre quis ter era o Charger R/T 1972 . Achava o máximo a grade interiça que esconde os faróis, as faixas e os pinos no capô exclusivos desse ano. A faixa lateral que acompanha as linhas da carroceria é, talvez, a mais bonita de toda a linha. Apesar de gostar tanto desse carro, não era minha prioridade quando fui comprar meu primeiro Dodge, já que minha preferência era pelos Dodges "novos", a linha 1979.

    Naquela época, em 1989, os Charger R/T antigos eram muito baratos, principalmente os mais antigos. Paguei pelo meu Le Baron 1981 o dobro do que um amigo de longa data, o Júlio, pagou tempos depois por um Charger R/T 1978, em estado melhor. Acontece que quando o Júlio foi comprar o Dodge dele, fomos ver, em uma esquina da avenida Nazaré, no Ipiranga, em São Paulo, um Charger R/T 1972 branco polar, que estava em estado mediano. Esse carro custava menos da metade do valor que ele acabou pagando no Charger R/T 1978. Ou seja, o meu Le Baron 1981 custou mais que quatro Charger R/T 1972. Menos de 20 anos depois, a relação se inverteu: um Charger R/T 1972 em bom estado pode valer três ou quatro Le Baron.

    Mas o R/T 1972 estava em meus planos. Em janeiro de 1990, fui pela primeira vez comprar peças para o meu Dodge na conces-

Modelo:	Dodge Charger R/T
Ano:	1972
Cor:	verde igarapé
Produção:	1.385 unidades

Características: 1972 é o segundo ano do Charger R/T. Em todos os dez anos de sua produção, sempre houve alterações de estilo de um ano para o outro. O R/T 1972 é um carro exclusivo, por suas faixas laterais e pinos no capô. Junto com o R/T 1971, compõe a dupla de Dodges mais desejados da atualidade. O preço de um carro desse modelo em perfeito estado equivale ao de alguns carros importados de luxo zero quilômetro e, pela baixa oferta, tende a valer cada vez mais.

ger R/T 1972

sionária Chambord Auto, na alameda Glete, no centro de São Paulo. A Chambord Auto era a última concessionária Chrysler ainda aberta na época. Na verdade, havia se transformado em uma loja de peças originais para caminhões Volkswagen, mas concentrava o estoque de peças remanescentes dos Dodges. Segundo consta, quando as concessionárias Chrysler foram fechando – ou mudando para Volkswagen – os estoques de peças foram enviados para a Chambord Auto, que ficou responsável por vender as peças e, inevitavelmente, atender os últimos clientes da Chrysler.

A loja era relativamente pequena, no último quarteirão da alameda Glete antes do elevado Costa e Silva. A rua era mão única, e a loja ficava no meio do quarteirão, do lado esquerdo. Um balcão tipo vitrine de vidro cobria toda a extensão da loja, e dentro dele ficavam as peças menores. Havia alguns emblemas, calotas, lanternas, peças miúdas, tudo novo e na embalagem Mopar. Lembro-me de uma faixa laranja e marrom de um caminhão Volkswagen, no meio das peças. Do lado direito, na parede, havia cartazes em folhas de papel sulfite com as ofertas do momento. As ofertas eram sempre de peças de Dodge que a concessionária tinha em quantidade elevada, às vezes coisas úteis, às vezes peças das quais não havia disponibilidade de par.

Os preços beiravam o ridículo. Um para-choque dianteiro novo da linha até 1978, cromado, embalado em plástico-bolha e com o adesivo da Tergal (fornecedor) custava algo como dez dólares. Lanternas das linha 1972 e da linha 1973 custavam algo como cinco dólares, mas só havia as do lado direito, sabe se lá por que (ouvi muitas teorias, de que o lado esquerdo quebrava mais, e por isso sobraram as do lado direito; mas acho que era resto de estoque e que simplesmente tinha sobrado mais lanternas de um lado que de outro). As persianas do Charger R/T 1979 e as "janelinhas" do Magnum também só existiam as de um dos lados, não me lembro qual. Vinham sem pintura, em fibra preparada para receber tinta, embaladas em plástico-bolha também. Comprei muita coisa. Naquela época, eu tinha uma Veraneio 1973 e, cada vez que eu ia à Chambord Auto, abaixava o banco traseiro do meu carro e vinha carregado. Cheguei a ter 14 unidades de para-choques dianteiros novos.

Mas havia uma peça que particularmente chamou minha atenção: uma grade nova de Charger R/T 1972, linda, pendurada na horizontal na parede do fundo. Nunca havia visto uma peça dessas nova. Perguntei o preço, era cara, a única unidade que a loja possuía e, segundo o atendente, era a única que havia passado por lá em muitos anos. Uma peça rara, portanto. Comprei. Devo ter pagado cerca de 200 dólares, o que era muito, em comparação com o preço de outras peças. Guardei essa peça com muito carinho durante quase 18 anos, e só vim a utilizá-la quase duas décadas depois, no carro protagonista desta história. Esse é um hábito que eu recomendo a todos que queiram ter uma pequena (ou grande) coleção de carros antigos: compre as peças antes mesmo de ter o carro. As peças tendem a ser cada vez mais raras e caras. Enquanto o carro de seus sonhos não vem, comece a plantar e a curtir o sonho guardando as peças dele antecipadamente. E resista à tentação de vendê-las, mesmo por uma boa oferta.

Um rapaz que morava perto da minha casa, no Alto da Boa Vista, zona sul de São Paulo, certa vez apareceu com um Charger LS 1972 de cor verde igarapé. O carro era novo, mas, naquela época, não me despertou tanto o interesse por não ser um R/T. O carro ficava parado na rua, em frente à casa dele. Eu via o carro todos os dias, durante muito tempo, e cheguei a conversar com o dono umas duas vezes. Um belo dia, ele tocou a campainha da minha casa. Saiu com o Charger num dia de chuva e acertou um poste. O carro sofreu bastante, a grade dianteira ficou destruída, e o proprietário acidentado queria comprar a minha, a todo custo. Solidarizei-me com ele, cheguei a cogitar ceder a grade para ele, mas resisti. Não sei que fim levou aquele carro, mas não duvido ter terminado seus dias logo em algum desmanche no caminho para Diadema.

Em 1999, eu estava em uma situação financeira meio complicada, havia fechado minha empresa e ainda pagava as últimas pendências. Estava literalmente "duro", e o pior, sem perspectivas de ganhar algum dinheiro. Havia vendido a maior parte dos meus carros, e o único Dodge com que fiquei era absolutamente invendável: meu Charger R/T 1979 azul. Por falta de outro lugar para guardá-lo, durante esse período o Dodge R/T ficou estacionado na rua, bem em frente à minha casa. Na verdade, em frente à casa da minha vizinha, para ser mais honesto.

Havia um senhor de uns 70 anos, mais ou menos, chamado Mário, que morava na esquina da rua da minha casa. O Mário vivia de compra e venda de moedas antigas, mas eu não sabia disso até então. Um dia, ele me procurou dizendo que tinha um Dodge para vender, e como ele via sempre meu carro parado lá, achou que eu poderia me interessar. Eu estava completamente sem dinheiro e disse que não tinha muito interesse. Mesmo assim, perguntei o ano e o modelo do carro. Ele respondeu que não sabia qual era o modelo, mas que o ano do carro era 1972. Imaginei se tratar de um Dart velho, possivelmente sedan, e pedi a ele que confirmasse o modelo. Imagine se fosse um Charger R/T 1972 de um único dono?

Dias depois, ele voltou, à noite. Tocou a campainha da minha casa. Atendi desanimado, e perguntei se ele havia confirmado o modelo do carro. Ele disse que sim, mas que havia se esquecido, só lembrava que eram "dois nomes". Perguntei se seriam Dart Deluxo. Ele disse que não. *"Não seria Charger R/T?"*, questionei. *"Hum, acho que é isso mesmo"*, respondeu, para meu espanto. Mesmo totalmente sem dinheiro, marquei para ver o carro na manhã seguinte. Fomos juntos até um prédio antigo na rua Cincinato Braga, perto da avenida Paulista, um edifício recuado, com muito jardim em frente, e entrada da garagem subterrânea que não podia ser vista da rua. Desci com uma ansiedade gigantesca e dei de cara com o carro: um Charger R/T 1972 verde!

Estava muito empoeirado, com pneus arriados, mas estava perfeito e ostentava apenas 38 mil quilômetros no hodômetro. O carro havia sido tirado zero-quilômetro da concessionária Janda, em 14 de outubro de 1971. Era um dos primeiros R/T da linha 1972. O primeiro proprietário veio a falecer em 1977, deixando o carro parado por 22 anos. A viúva jamais quis vender o carro. Logo após a morte do marido, ela contratava motoristas de táxi para que a levassem aonde quisesse ir, mas não no carro do taxista e sim no Charger. Isso durou pouco, os taxistas não gostavam de dirigir aquele carro, a logística era complicada, já que eles tinham de deixar seu táxi na garagem da senhora enquanto dirigiam o Dodge. Com isso, o carro acabou parado definitivamente. Durante 22 anos, o carro ficou fechado, o que deixou o interior totalmente preservado. O único dano grande foi no tanque de combustível, pois, como a garagem era anualmente lavada com soda cáustica, e o Dodge não era removido, o tanque de combustível, que não tem nenhuma proteção externa, acabou sendo corroído de fora para dentro.

A viúva, muito amiga do senhor Mário, nunca quis vender o carro para ninguém, mas um belo dia ela simplesmente deu o carro para ele, sem mais nem menos. O Mário, que não dirigia, não pensou em outra coisa senão oferecer-me o veículo. Mas ele era um negociante de coisas antigas, não ia ser fácil comprar o carro dele na situação financeira em que eu me encontrava. Fomos discutindo o preço e, após algumas conversas, chegamos a um valor de 4 mil reais. Eu tinha de comprar aquele carro, mas não tinha absolutamente nada! Meu irmão mais novo, com 18 anos na época, sempre tinha algum dinheiro guardado, e a saída seria envolvê-lo. Ofereci a ele para que comprássemos o carro em sociedade, metade cada um. Meu irmão se interessou, mas não queria usar o dinheiro dele. Fui então conversar com meu pai, que acabou topando financiar o veículo, desde que o Mário topasse receber os 4 mil reais em quatro pagamentos mensais de mil reais. O Mário aceitou e fomos buscar o carro no sábado seguinte pela manhã. Tiramos roda por roda, e levei cada uma a um borracheiro, que ficava a quatro quarteirões de lá. A viúva não encontrava a chave, e por isso precisamos abrir o carro com um arame. Colocamos o carro no guincho e o levamos de lá diretamente para o mecânico que iria "ressuscitá-lo".

Começamos pelo tanque de combustível, que foi levado ao Nassif Soldas, um profissional especializado em tanques, que faz um trabalho magnífico. Trocamos o óleo e fizemos o carro funcionar. Foram poucos os selos d'água que não vazaram. Tiramos o motor, substituímos os selos, e o carro finalmente funcionou. Era simplesmente novo e perfeito. Pouco depois, arrumei um emprego em uma empresa pública que acabara de ser privatizada, e meu tempo desa-

O raríssimo Charger R/T 1972 verde minuano comprado junto com meu irmão em 1999

pareceu. Fazia muitas horas extras e, graças a esse emprego, consegui arrumar minhas finanças. Nesse meio tempo, meu irmão acabou assumindo mais o carro. A direção hidráulica Gemmer travou e foi substituída por uma ZF, dos modelos pós 1973. Só fiquei sabendo quando já estava feito. E meu irmão começou a usar o carro no dia a dia. Eu mesmo cheguei a usar o carro para trabalhar durante algum tempo, e o carro ganhou mais dez mil quilômetros no hodômetro nos dois anos seguintes.

Mas ter um carro em sociedade é muito complicado, mesmo com um irmão, já que um quer fazer uma coisa, e o outro quer fazer outra. Meu irmão mudou-se para Fortaleza e deixou o carro guardado num estacionamento por muito tempo. Parece que é uma sina desse carro passar anos parado.

Vários anos depois, quando minha coleção começou a crescer, decidi que precisaria ter um Charger R/T 1972 realmente meu, ou só meu. Mas os preços já haviam disparado e era virtualmente impossível encontrar um carro em bom estado, ou mesmo algum para ser restaurado. Era uma pena não ter aquele R/T 1972 no acervo, pela baixa quilometragem, originalidade e raridade. O carro era de uma cor que até hoje não vi em outro: verde minuano. O verde minuano foi um tom disponível para as linhas 1971 e 1972, porém foi muito utilizado no primeiro ano, e pouquíssimo utilizado no segundo. Talvez por esse carro ser um dos primeiros modelos 1972, produzido em setembro de 1971, ainda foi pintado com uma cor característica da linha 1971. Outro item interessante nesse carro são as rodas Magnum, que têm "buracos" de ventilação pequenos, como as rodas da linha 1972, mas com os aros pintados de cinza como os da linha 1971. Em suma, um carro muito interessante. Mas eu tinha de buscar o meu.

Em janeiro de 2006, vi na internet um anúncio de um Dodge de aparência bizarra: azul Los Angeles, com a bandeira americana pintada no para-lama e na porta do lado do motorista. Tinha também teto solar e frente de Gran Sedan, mas estava anunciado como Charger R/T 1972. Como eram comuns os erros nos anúncios de internet, e pela aparência assustadora do carro, ninguém se interessou em ir olhar. Eu

O triste estado do R/T 1972 quando chegou. Ganhou o apelido de Capitão América, por motivos óbvios

fui. Já pelo telefone, o vendedor me identificou. Curiosamente, ele era o filho de uma funcionária da fábrica que era do meu avô, e que eu conhecia havia muitos anos. Ele disse que tentou falar comigo para oferecer o carro, mas que não conseguiu meu telefone. Fui ver o carro em São Caetano do Sul, num depósito de sucata que o rapaz tinha. Eureca! O carro realmente era um Charger R/T 1972, cor verde igarapé. Antes de ser azul, ele havia sido prata, e, em algum momento, fizeram um "*upgrade*", de 1972 para 1975, colocando lanternas, painel e grade dianteira do 1975. Por nos conhecermos havia bastante tempo, a negociação foi mais fácil que habitualmente. Passei três cheques no valor combinado e chamei um guincho para levá-lo para casa.

Apesar da aparência esquisita, o carro tinha coisas boas. O motor era o original de plaqueta e estava em perfeito estado. O câmbio, o diferencial, o alternador, e tudo o que era datado mostrava o ano 1972, ou seja, o carro foi muito alterado externamente, mas não sofreu gambiarras mecânicas. O Charger ficou algum tempo esperando vaga na funilaria e pouco depois seguiu para lá, onde foi totalmente desmontado. Uma vez desmontado, mostrou-se um pouco mais complicado do que parecia. O assoalho, muito ruim, teve de ser inteiramente retirado do carro para ser refeito fora e depois recolocado. O teto solar foi tampado com chapa, e soldado por uma técnica perfeita que o senhor Amorim desenvolveu: ele corta uma chapa do tamanho do furo aberto e prende a nova chapa com linguetas parafusadas; depois de a chapa cortada estar no lugar exato, faz a solda e, posteriormente, desparafusa e retira as linguetas de sustentação; a solda é, então, terminada, e é dado o acabamento. Na parte interna, coloca-se uma travessa estrutural igual à que existia antes de o teto ser cortado, e assim o teto fica novo, perfeito, pronto para torções do monobloco sem qualquer risco de problemas. Olhando o carro com fundo *primer* para a pintura, é impossível dizer que um dia ele teve um teto solar.

O Dodge R/T 1972 com o assoalho removido

Durante a desmontagem, apareceu a cor original, verde igarapé, em vários pontos do carro. É impressionante ver o "serviço porco" que o pessoal fazia nesses carros. O ventilador que fica no cofre do motor jamais havia sido retirado, mesmo nas duas trocas de cor pelas quais o Charger passou, e ostentava a cor verde original. Mas voltar à pintura original foi fácil, pois meu amigo Lincoln restaurou um Charger R/T 1972 também de cor verde igarapé alguns anos antes, e apenas reproduzi a fórmula. A tapeçaria foi refeita

A tinta cor verde igarapé original podia ser vista por baixo do ventilador, que não foi removido para a pintura em azul

À esquerda, o Charger já pintado, no início de montagem. À direita, o interior em couro do R/T 1972

em Campinas, no tapeceiro que guarda um rolo do vinil original de época, e os bancos receberam forração em couro, como vinha de fábrica. O couro da época era um pouco mais grosso que os couros encontrados hoje, mas com uma aplicação de graxa preta ele fica com aparência idêntica.

Para fazer as faixas do capô, fiz um gabarito a partir do meu Charger verde minuano. Porém, aquele carro parecia ter as faixas laterais isoladas em alguns trechos, e que haviam sido repintadas. Por via das dúvidas, a ajuda veio de um outro carro que tem uma história interessante. Um cidadão de Jundiaí foi comprar um trator num sítio em Itatiba. Chegando lá para ver o trator, avistou dentro de uma garagem um carro coberto com capa, de silhueta familiar. Ao levantar a capa, deu de cara com um Charger R/T 1972 de cor verde igarapé absolutamente original,

Aplicação das faixas adesivas. Do outro lado da rua, estava o carro do Lincoln para termos referência da posição das faixas (quem passou pela rua nesse dia não deve ter entendido absolutamente nada)

O carro quase pronto, faltando apenas a colocação dos frisos do para-brisa

com pintura inteiramente de fábrica, todas as faixas adesivas originais e apenas 70 mil quilômetros rodados. O carro era do filho dos donos do sítio, que havia se mudado para o Japão havia muito tempo, e deixado o carro lá. Uma série de ligações para o Japão depois, e o Charger tinha um novo dono. Meu amigo Lincoln novamente entrou em cena, conseguiu tirar o molde das faixas, e uma empresa de Campinas as digitalizou, vetorizou, plotou e aplicou-as em meu carro.

Com o carro pronto, a comparação entre o "antes" e o "depois" é impressionante. O carro ficou perfeito. Minha famosa grade zero final-

Dodge - História de uma coleção

mente ganhou destino após estar 18 anos guardada em casa. As rodas Magnum também têm uma história peculiar. Meu amigo Marcelo, colecionador de Simcas de Belo Horizonte, trouxe-me essas rodas que vieram em uma Simca Jangada que ele comprou. As rodas até precisariam ser desmontadas e ter seu aro recromado para terem aquela aparência de zero-quilômetro que o carro adquiriu. Porém, essas rodas têm, originalmente, tala de 5,5 polegadas, mas os aros disponíveis para substituição hoje em dia são de 6 polegadas. Parece uma diferença pequena, mas

quando se monta essas rodas com os pneus diagonais, como os originais do carro, a diferença fica muito visível. Optei, então, por apenas limpar as rodas e dar um polimento. O carro ficaria com rodas não tão brilhantes mas totalmente originais. Tenho muito orgulho de ter restaurado esse carro, pois é um modelo com poucos remanescentes e que estava fadado a um fim breve. Conhece-se cerca de 25 a 30 carros Charger R/T 1972 que estão por aí, de uma produção total de 1.385 carros.

O Charger R/T 1972 é provavalmente o mais agressivo dos Dodges brasileiros

CAPÍTULO 9

Dodge Dart

Esta é uma das histórias mais interessantes. Inicia-se em janeiro de 1990 e só termina em 2008. Como contei, meu primeiro Dodge comprado foi o Le Baron 1981 de cor marrom avelã. Até então, eu havia visto pouquíssimos Dodge 1981 e, ao comprar um carro daquele ano, comecei de início a questionar se ele seria uma das últimas unidades a deixar a fábrica de São Bernardo do Campo. Decorei o chassi do carro – 92.605 – e comecei minhas pesquisas.

Os primeiros dois Dodges 1981 a que eu tive acesso me levaram a uma pista um pouco errada. Na época, eu estudava na Escola Politécnica e via, todos os dias, no estacionamento da vizinha Faculdade de Economia e Administração, um Le Baron marrom avelã idêntico ao meu, inclusive com teto e interior pretos. Um dia, estacionei o meu carro ao lado do Le Baron e esperei horas até o proprietário aparecer. Era um senhor que era professor da FEA. Eu disse que tinha um carro igual ao dele, mas no dia estava com um Fiat, pois o Le Baron deveria estar no estaleiro. Pedi para ele abrir o capô, para ver o motor. Na verdade, eu queria mesmo era ver o número do chassi, mas achei que seria estranho se eu pedisse isso. Quando bati o olho na plaqueta, não acreditei: 92.607! Isso significava que aquele carro havia sido produzido no mesmo dia que o meu! Na linha de montagem, apenas um carro os separava.

Modelo: Dodge Dart Coupé de Luxo	
Ano: 1981	
Cor: Preto onyx	
Produção: 10 unidades	

Características: O Dodge Dart Coupé estreou em 1970 como modelo 1971, e teve seu auge em 1973, quando atingiu quase dez mil unidades produzidas apenas naquele ano. De 1973 em diante, com a crise do petróleo e tudo mais, a produção foi despencando ano a ano, até chegar a míseras dez unidades em 1981. O Dart Coupé 1981 é o Dodge mais raro já produzido no Brasil, e deve se transformar num verdadeiro *collector item* nos próximos anos, atraindo até colecionadores norte-americanos.

Coupé de Luxo 1981

Acho que foi aí que começou minha obsessão por plaquetas e números de chassis de Dodge.

O segundo Dodge 1981 a fazer parte da minha lista de chassis era um carro muito estranho, um Dart Sedan preto, com o teto pintado de dourado e interior idêntico aos dos Dart Sedans normais, porém com os bancos revestidos de uma napa meio plástica em vez do veludo com laterais de courvin. Segundo se dizia na época, o carro seria uma unidade de exportação para a Bolívia, para ser usado como táxi. O carro ainda tinha outras particularidades, como ar quente, afogador manual e frente de Le Baron, aparentemente de fábrica. Conforme apurei posteriormente, o carro foi comprado zero-quilômetro por uma empresa de São Paulo, do bairro de Santo Amaro, que o utilizou durante anos como veículo para levar e buscar pessoas ao aeroporto. E o carro, desde zero-quilômetro, era preto com o teto amarelo claro, o que reforçava a tese de que o destino do carro era ser um táxi. Em 1986, o Paulo Sartori, meu amigo e meu mecânico, trabalhava numa oficina chamada ASES. Essa oficina ficava a um quarteirão da filial de Santo Amaro da Ibirapuera Veículos. Dizem que muitos carros saíam da concessionária e íam para a ASES, na qual o serviço era melhor e mais barato. Essa oficina existe até hoje, com o mesmo nome, e o mais pitoresco é que o nome ASES significa Assistência e Serviço Especializado Simca, ou seja, 42 anos após a fabricação do último Simca no Brasil, ainda existe uma oficina especializada, pelo menos no nome, mas que não deve ver um Simca há mais de 20 anos. Coisas insólitas dessa cidade chamada São Paulo.

Voltando ao Dodge preto, táxi frustrado, em 1987, mais ou menos, a empresa aposentou o Dodge, vendendo-o para o motorista que o conduziu desde novo. Esse senhor vendeu o carro a um japonês que tinha um comércio na esquina da avenida Interlagos com a avenida Yervant Kissajikian, na qual ficava quase sempre estacionado. Um dia, fui ver o carro com um amigo que residia lá perto, e pude abrir o capô e verificar o chassi: 92.612. Na minha cabeça, eu estava perto da solução do enigma: 92.605, 92.607 e 92.612. Parecia claro que a produção dos Dodges havia terminado por aí. Mas eu estava errando feio. Em 1992, meu amigo Renato tinha recebido a informação de que o senhor Kasinski, então proprietário da fábrica de amortecedores Cofap, estava se desfazendo de uma coleção de carros nacionais zero-quilômetro que ele possuía, e um dos carros à venda era um Dodge Magnum 1981 ainda zero-quilômetro. O carro estava numa mansão no garboso bairro do Pacaembu. A casa estava vazia, parecia que estava servindo apenas de garagem para os carros. Identificamo-nos e fomos até o fundo do corredor lateral, onde, numa área à esquerda, atrás da casa, estava o carro. A cena foi chocante. Um Magnum 1981 branco paina com teto e interior marrom, ainda com restos da cera de carnaúba que era aplicada para proteger os carros no pátio da fábrica. O carro tinha rodas de Charger R/T 1979, que, segundo consta, saíram de fábrica em algumas das últimas unidades. O interior, ainda com restos de plástico nos bancos, não tinha o veludo navalhado tão característico, mas sim o novo veludo fininho, padrão Volkswagen. Esses interiores foram utilizados quando acabou o tecido navalhado. Por minhas observações, o tecido preto acabou muito antes, pois Dodges 1981 com chassis relativamente baixos já o apresentavam. Já o marrom acabou bem depois, e só as derradeiras unidades saíram com ele. É um tecido barato, que não combina com o restante do carro, mas que precisa ser preservado pela grande raridade e pelo contexto histórico. Hoje em dia, sei de pouquíssimos carros que ainda têm esse tipo de interior original de fábrica.

Voltando ao Magnum, eu e o Renato ficamos mudos. O hodômetro marcava 2.100 quilômetros, que, segundo a pessoa que nos atendeu, foram praticamente todos "rodados" sobre cavaletes, já que o Kasinski fazia com que ligassem os carros semanalmente. O preço era o equivalente ao de um carro novo, não popular, até porque o protocolo do carro popular foi assinado em fevereiro de 1993. Era o preço de um VW Gol GL, aproximadamente. Nem eu e nem o Renato tínhamos o dinheiro, e o carro ficou lá. Mas a razão de eu contar essa história é que fui ver a plaqueta do carro. O chassi era número 92.900 e alguma coisa. Fiquei tão chocado com o fato de o chassi ser tão mais alto que os que eu conhecia que nem consegui memorizá-lo. E mais um fato interessante: pelo menos àquela época de tão pouca informação, o carro tinha uma plaqueta de identificação da Volkswagen Caminhões, com o logotipo da Volkswagen em cima. Isso era realmente estranho.

Dodge com a plaqueta VW Caminhões e logotipo Volkswagen: no mínimo insólito

A partir daí comecei a buscar obsessivamente informações sobre exportações da Chrysler do Brasil e pelos Dodge com plaqueta Volkswagen. Foi mais fácil levantar os Dodges com plaquetas Volkswagen após o advento da internet como meio de comunicação dos antigomobilistas, e como canal de vendas, principalmente. Durante anos, procurei diariamente Dodges 1981 anunciados para venda. E sempre, demonstrando interesse, pedia uma foto ou a transcrição da plaqueta, ou, no mínimo, o número do chassi. Algumas pessoas estranhavam, mas a grande maioria colaborou. Com essa pesquisa, cheguei a cadastrar cerca de cem Dodges 1981, dos 537 produzidos nesse ano. Mas, curiosamente, eles tinham chassi inferior ao 92.612 ou superior ao 92.885. Havia um "buraco" de cerca de 270 carros, que praticamente não existiam. Os carros que apareceram nesse intervalo foram apenas cinco, sendo que dois com chassis sequenciais. Qualquer um com mínima noção de estatística, ou apenas com bom senso, perceberia que havia algo estranho, principalmente quando se considera que o primeiro carro antes desse "buraco", o número 92.612, era um carro destinado à exportação. A resposta deveria estar fora das terras tupiniquins.

Bolívia. Só poderiam estar lá. Afinal, o tal Dodge preto era supostamente destinado a ser um táxi boliviano. Lembro de ver um catálogo de carburadores DFV em que havia uma lista de versões para o 446, o carburador que equipou todos os Dodges brasileiros e os Opalas SS. Não me lembro os números, e esse catálogo estava junto a um catálogo de peças que uma amigo pegou emprestado e sumiu (tanto o catálogo quanto o amigo). Mas, na lista de versões do 446, havia uma que me chamou a atenção: *DFV 446.xxx – Aplicação: Dodge Dart exportação para a Bolívia*. Fazia sentido, afinal, para funcionar em maior altitude, os venturis precisariam ser recalibrados. Foi o único registro da exportação desses carros que vi até hoje. Mais recentemente, recebi uma foto de Darts 1970 efetivamente exportados para a Bolívia, para serem usados como táxis.

Dodges brasileiros desembarcaram na Bolívia para serem usados como táxis

Comecei a procurar mais informações sobre esses Dodges da Bolívia. Não consegui nada. Encontrei uma foto de um Le Baron 1981 cor verde turmalina em Santiago do Chile, mas um amigo chileno me garantiu que alguém deve ter trazido esse carro por conta própria, possivelmente rodando, pois a Chrysler não havia jamais vendido esses carros por lá. Até que, um dia, eu encontrei o anúncio de um Magnum 1981 em Lima, no Peru. Entrei em contato com o dono do carro, um sujeito que comercializava carros antigos. Perguntei para ele se conhecia outros carros daqueles no Peru. Ele me respondeu que conhecia mais alguns. Encontrei alguma coisa onde nunca pensei em procurar. Alegando ter algum interesse no carro, marquei um encontro com ele em Lima.

No dia 19 de maio de 2006, uma sexta-feira, "matei" um dia de trabalho e peguei um voo da Varig para o Peru. O voo saía cedo e eu quase não embarquei, pois não tinha tomado vacina contra febre amarela, uma exigência. Como é que eu ir saber que era obrigatória? A vacina precisa ser tomada com dez dias de antecedência. Arrisquei tomar na hora no aeroporto e, por sorte, o carimbo da data saiu meio borrado. Embarquei. Seriam cinco horas de voo e com menos de uma eu já estava dormindo. Acordei umas duas horas depois, de um sono pesado, e parei para pensar: o que é que eu estava fazendo lá naquele avião? Indo para o Peru para ver um Dodge velho? E a leve dor da vacina me lembrava que eu não deveria estar indo para um paraíso.

    Chegando lá, fui encontrar o tal sujeito e revi meus conceitos. Os peruanos foram muito hospitaleiros, e Lima é uma cidade com lugares muito bonitos. Mas e os Dodges? Fomos ver alguns, aparentemente todos que ainda sobraram em Lima. E aí deu para ver o quanto esses carros eram resistentes. O Peru não produz automóveis, portanto são bens escassos. Os nossos Dodges que ainda sobrevivem lá estão em uso ininterrupto desde 1981! E, para piorar, há a maresia do Pacífico. Um dos carros que eu vi estava abrindo ao meio, mas ainda era táxi. E com motor diesel Nissan! Mas o primeiro Dodge que fui ver foi um Magnum verde, de um *chino*, que é como os peruanos chamam qualquer oriental, seja ele chinês, japonês, coreano. O *chino* era dono de um restaurante, e o Magnum cor verde turmalina ficava parado em frente. Senti uma emoção desgraçada ao achar meu carro favorito em um lugar tão longe de casa. E até que estava num estado razoável, na verdade o melhor dos cinco Dodges que vi lá. Muito gasto, com várias adaptações de peças, mas bem autêntico. Tirei uma foto em frente ao carro e fomos falar com *el chino*. Entramos no restaurante e, ime-

Eu e o Dodge do "chino" nas ruas de Lima, Peru

diatamente, minha fome passou. Perguntamos se ele vendia o carro, como pretexto para ver o automóvel e olhar o chassi. A princípio, ele não acreditou que queríamos comprar o carro, e nos mandou sair. Mas insistimos e fomos ver o carro. Pedi para ver o motor, e ele, com muita má vontade, abriu o capô! O chassi do carro estava bem no meio do "gap" que eu identifiquei havia tantos anos. Peguei a máquina fotográfica e fui tirar uma foto da plaqueta. Estava procurando o foco quando o *chino* viu que eu estava fotografando o chassi do carro e saiu gritando, partindo para cima de nós. Pulamos no carro e fomos embora correndo. Fico devendo a foto da plaqueta.

Fomos ver os outros Dodges. Um Magnum marrom avelá desmanchando de tão podre, o Le Baron táxi diesel, um outro Le Baron pintado de vinho abandonado numa rua decadente, e um último Le Baron marrom café em estado razoável, mas que por passar a noite na rua também estava bastante podre. O resto deve ter apodrecido com a maresia, ou usado até a última gota. Precisava descobrir como aqueles carros foram parar lá. Os cinco carros tinham duas coisas em comum: eram 1981 e estavam todos no "gap" de numeração de chassi. Em Lima, existe uma região que tem apenas lojas de autopeças. Em uma delas, trabalhava um senhor já de certa idade chamado Albino. Ele era o funcionário da Chrysler responsável pela manutenção desses carros e foi ele quem decifrou mais esse enigma. A Chrysler nunca vendeu esses carros no Peru, mas, em 1981, a Marinha peruana adquiriu cerca de 120 carros Magnun e Le Baron para dar para os oficiais. Essses carros vieram em um único lote, todos modelo 1981. Depois de algum tempo, os oficiais venderam os carros, que foram trocando de mãos até acabarem. Não posso assegurar que foram 120. O Albino, já de certa idade, às vezes falava 120, às vezes 150. Achei apenas uma parte dos Dodges 1981 faltantes. Ainda faltam mais 150, que certamente foram para outro lugar, provavelmente para a Bolívia. O Peru não usa e nunca usou táxis pretos com teto amarelo.

Parcialmente resolvida a questão dos Dodges exportados, eu continuava em busca do último Dodge Dart fabricado. Descobri, então, que os ex-funcionários da Chrysler do Brasil se reuniam semestralmente para um almoço de confraternização, religiosamente, após mais de 25 anos do fim da produção dos Dodges no Brasil. O almoço seria num sábado, em um restaurante de São Bernardo do Campo, a cerca de um quilômetro de onde um dia foi a fábrica da Chrysler do Brasil. Fui com um pessoal do Chrysler Clube, que conseguiu reunir cerca de dez Dodges em excelente estado de conservação, como nossa contribuição ao almoço em que éramos intrusos. Ao chegarmos em caravana, os sexagenários e alguns septuagenários senhores nos receberam com uma salva de palmas. Foi muita emoção. Acho que desde o encerramento da linha de montagem, eles nunca mais tinham visto esses carros, pelo menos naquela quantidade e estado de conservação. Foi algo absolutamente insólito e emocionante ver aqueles velhos senhores inspecionando os carros que outrora produziram, com a autoridade que tinham para isso.

A inspeção dos carros, mais de 30 anos depois, pelos profissionais que os construíram

Após um bom tempo olhando os carros e conversando com aquelas pessoas cheias de histórias sobre nosso assunto favorito, subimos para o almoço. Era surpreendente, mas havia mais de 70 ex-funcionários da Chrysler do Brasil, que se reuniam por iniciativa própria, e cultivavam a bandeira da extinta montadora pregada com fita crepe numa das paredes do restaurante. Realmente era surreal. E sensacional! Entre "zilhões" de perguntas, o assunto em que mais insisti, tentando forçar a memória dos senhores, era a respeito do último carro fabricado. Ouvi todas as respostas possíveis, sempre seguidas de um "*mas, na verdade eu não me lembro*". Até que o Fausto, um dos protagonistas, um sujeito interessantíssimo que morava em um trailler no interior do Estado, disse que tinha a foto do último carro. Perguntei a vários ex-funcionários sobre essa foto, mas ninguém lembrava.

À esquerda, almoço dos "velhinhos" da Chrysler do Brasil. Para mim era como um sábado na Disneylândia.
À direita, a bandeira, em homenagem à empresa que não mais existe desde 1981

Depois de meses insistindo para o Fausto nos fornecer a foto, finalmente meu amigo Lincoln conseguiu convencê-lo de ir a alguma casa especializada para digitalizar a foto que, após muito, ele encontrara, e nos mandasse por e-mail. Quando recebemos a foto, um misto de alegria e frustração. A foto era maravilhosa, absolutamente inédita, de um Le Baron em estado final de montagem com uma porção de funcionários ao redor dela. A frustração veio porque, no canto superior direito do para-brisa estava marcado o número do chassi do carro, ainda na centena 92.900. Eu já conhecia vários carros com chassi mais alto naquela época, ou seja, mais um mistério a ser solucionado. Na reunião seguinte, após seis meses, perguntei para várias pessoas sobre essa foto, até que o "Carioca", um falante membro da equipe de Recursos Humanos da montadora, recordou-se do dia da fotografia: *"No dia em que foi anunciado o final da produção dos automóveis Dodge, alguém veio com uma máquina dizendo 'junta o pessoal aí que vamos fazer a foto do último carro', e a fizeram"*. Indaguei se era realmente o último, pois eu conhecia carros com chassi de numeração superior àquele carro, pelo menos 15 unidades. A resposta que ouvi: *"Era um dos últimos. Ainda havia mais carros para serem montados, inclusive uma quantidade grande de Dodges Polara que nem sequer foram montados na linha de montagem, pois haviam sido transferidos para um galpão no fundo da fábrica, no qual foram finalizados quase que artesanalmente"*.

A foto que eu e o Lincoln conseguimos com o Fausto, nunca antes publicada em qualquer tipo de mídia. Um presente para os leitores deste livro. Ainda foram montados cerca de 15 carros após este

Estava resolvido o mistério da fotografia. Havia sido uma foto simbólica de um dos últimos carros, como registro do final da linha. Acho que nenhum dos que estavam presentes lá naquele dia imaginaria que, quase 30 anos depois, haveria um grupo de pessoas questionando se aquele carro era exatamente o último ou não. Da mesma forma que na foto oficial do último Opala produzido está gravado no carro "Opala 1.000.000", quando, na verdade, era a unidade número 998.844.

Além dessa foto espetacular, acabamos descobrindo a história dos últimos Polaras, que foram montados em um barracão no fundo da fábrica. Algumas pessoas ouvidas disseram que mais de cem Polaras foram montados assim. É interessante saber que as derradeiras vendas do Polara, assim como as últimas dos Dodges grandes, aconteceram em 1984.

Voltando à busca pelo último Dodge realmente produzido, há alguns anos surgiu a informação de que existia um Magnum branco paina de chassi número 93.007, que por algum tempo imaginei ter sido o último carro. Até que o DPVAT liberou a consulta *on line* em sua base de dados. Saí levantando tudo que fosse chassi de Dodge que achava interessante, mas, antes disso, um conhecido já havia trazido a informação de que existia registro de um chassi número 93.008 em Brasília. No Detran de lá, constava como Dodge Dart, sem especificar se era Coupé ou sedan, cor preta. Logicamente, deveria ser um Sedan, afinal, Dodges pretos quase sempre foram carros oficiais e, ainda mais em Brasília, as chances quadruplicavam.

Estava tentando localizar o "008", como o chamo desde então, mas sem muita pressa. Na verdade, sem muita esperança, pois o último licenciamento havia sido em 1996. Ou seja, um carro que fica dez anos sem ser licenciado tem grandes chances de haver sido desmanchado. Até que veio a informação de que outros colecionadores estavam atrás do carro e que tinham, inclusive, pago a despachantes para pesquisar dos 50 chassis posteriores ao 008 sem resultado, confirmando que, pelos bancos de dados das autoridades de trânsito brasileiras, aquele carro, se ainda existisse, seria o último Dodge Dart fabricado no Brasil. E no mundo, pois nos EUA e no México, a produção havia se encerrado em 1976. Eu não tinha muitas alternativas, não podia ir a Brasília, pois estava num momento muito complicado no trabalho. Mas, nessa vida, não se faz nada sem amigos. E eu acionei a única pessoa que eu conhecia em Brasília, ainda que apenas por troca de mensagens eletrônicas, o Alexandre Garcia, também conhecido como "o fascínora do planalto", um sujeito absolutamente adoecido por automóveis, mais numa linha de desempenho do que de originalidade. Expliquei a ele minha situação, ele topou de imediato me ajudar e, em dois dias, encontrou o carro.

O carro estava abandonado no fundo de uma oficina mecânica em Sobradinho, cidade satélite de Brasília, havia muitos anos. O carro não tinha mecânica e nem interior, apenas carroceria, diferencial, suspensão dianteira e uma gaiola de tubos no interior. O carro havia passado seus últimos anos num show de desempenhos automobilísticos chamado *Firenight*, que acontecia no autódromo de Brasília. Isso significava que o último Dodge fabricado no Brasil, em vez de estar guardado e preservado numa coleção, estava dando cavalos de pau, andando em duas rodas e sabe-se lá mais o quê. Disseram-me que o final do show acontecia quando o piloto saía correndo do carro e explodia uma bomba de fumaça dentro dele. Não sei se era exatamente assim, mas, quando o carro chegou, dava para ver que não deveria ser muito diferente.

Quando perguntei ao Alexandre Garcia sobre mais detalhes do carro, ele foi falando até eu perguntar se o carro era mesmo um Sedan. Ele estranhou a pergunta e disse que não, que era um Coupé! Mais para frente, fiquei sabendo que esse carro havia sido comprado

Dodge Dart Coupé 1981, última unidade fabricada, no dia em que chegou a São Paulo

O "008" quase pronto, faltando apenas a montagem dos frisos dos vidros

Após escapar de um trágico fim, o último Dart produzido no mundo, desfila na zona sul de São Paulo para uma sessão de fotos para a revista Quatro Rodas

Dodge - História de uma coleção

em São Paulo antes de ir para o show, o que se confirma por sua placa cinza começar com a letra B. Realmente, era estranho. Quem teria encomendado um Dodge Coupé preto e desistido? Na verdade, a pessoa deve ter encomendado mais de um. Pouco tempo antes de eu encontrar o 008, eu havia comprado um Dodge Dart Coupé 1981 preto, absolutamente igual ao 008, com apenas 15 carros separando-os na numeração de chassi. Ou seja, quem pediu um, certamente pediu o outro. E o 92.992, gêmeo do 008, foi vendido zero-quilômetro na Chambord Auto em São Paulo, para uma pessoa física, no dia 30 de setembro de 1981.

O 008 finalmente chegou a São Paulo. A emoção de ver o último Dodge fabricado foi tremenda. E ele teve tratamento VIP. Não ficou na fila da restauração, mas foi direto para a oficina. Localizei um motor com bloco fundido em 1981, o que deu ainda mais autenticidade ao carro depois de pronto. Consegui um par novo de bancos, sem uso, guardados por 18 anos na casa do meu amigo Renato. Para resumir, após uma trabalhosa restauração, o carro ficou maravilhoso. Tenho muito orgulho de ter salvado e restaurado o último Dodge feito no Brasil.

De volta aos trilhos, a satisfação de ver o último Dart em plena forma, esbanjando o torque do seu motor V8

CAPÍTULO 10

Dodge Char

    Meu trabalho às vezes é muito pesado, muito tenso, sob muita pressão. Às vezes, ele é interessante e desafiador, outras vezes ele é chato, como qualquer trabalho. Mas já que tenho de trabalhar mesmo, sempre me dediquei muito. Acho que por conta disso tive bastante sucesso, galguei cargos rapidamente, passei a ter uma remuneração decente. Dei muito lucro para a empresa em que trabalho e, em troca, tive uma compensação financeira. Uma troca justa e clara, essa é a beleza do capitalismo. Mas não posso dizer que minha atividade favorita é passar a maior parte das horas do meu dia dentro de um escritório.

    Para suportar as pressões e continuar na luta, mantive-me sempre numa zona de desconforto voluntário, alocando todos os recursos para meus projetos pessoais. Assim, tinha de continuar trabalhando e acumulando algum patrimônio. Do contrário, teria desistido anos atrás. E o projeto que recebeu a maior parte dos recursos foi a minha coleção de carros.

    Durante vários anos, comprei carros interessantes que encontrava a preços convidativos. Com exceção do Dart 1979 que foi do meu avô, nunca paguei caro por um carro. Por outro lado, nunca cismei com modelos específicos. Assim, quando minha coleção já tinha um porte razoável, eu continuava sem ter um Charger R/T 1971, para alguns o suprassumo dos Dodges nacionais. O R/T 1971 não foi um carro que fez parte da

Modelo: Dodge Charger R/T

Ano: 1971

Cor: cinza bariloche

Produção: 942 unidades

Características: O mais cobiçado dos Dodges nacionais, o R/T 1971 tornou-se um ícone por seu estilo, sua raridade e por ter sido imortalizado no filme *"Roberto Carlos a 300 km/h"*. Sua produção foi até numerosa, mas foi um carro extremamente depredado na década de 1980, restando pouquíssimos exemplares. Sempre há a chance de se encontrar um descaracterizado para restauração, já que eram carros muito transformados. Saiu exclusivamente nas cores amarelo boreal, verde tropical, cinza bariloche e vermelho xavante.

ger R/T 1971

minha vida. Praticamente, não tenho lembranças dele, ao contrário, por exemplo, do R/T 1972, cujas enormes faixas pretas no capô me hipnotizavam desde cedo; ou do R/T 1979, cujo encantamento já descrevi em capítulos anteriores. O que deve ter contribuído para a enorme fama do R/T 1971 foi o filme *"Roberto Carlos a 300 km/h"*, no qual o então cantor da juventude se esbaldava com um Charger amarelo boreal (eufemismo para laranja) nas curvas e retas do autódromo de Interlagos. O filme, por se passar boa parte dentro de uma concessionária Chrysler, é um dos poucos registros que se tem das revendas Dodge.

Apesar de não ser tão obcecado por esse modelo quanto outros colegas, acho o carro maravilhoso. Uma obra do design de Celso Lamas, que transformou um pacato e familiar Dodge Dart em um carro de aparência agressiva e esportiva. E batizou-o de Charger, nome dado a um carro totalmente diferente na matriz. Um trabalho genial. Nesses anos todos, nunca havia tido a oportunidade de comprar um R/T 1971, nunca haviam me oferecido, ou eu havia encontrado um desses carros. Única exceção foi um amarelo boreal que ficou anunciado num site da internet, lá por 2002, de placa DET-1971. Naquela época, eu estava retomando minha coleção e vi o carro anunciado. Imaginei que o carro fosse tão caro que nem sequer telefonei para perguntar o preço. Tempos depois, soube que o carro havia sido vendido por muito menos do que eu imaginava, e, pior, por uma quantia de que eu até dispunha para pagar. Não era para ser.

Nos anos seguintes, comprei uma quantidade razoável de carros, vi centenas de carros à venda, mas nunca mais tive a oportunidade de ver um Charger R/T 1971 à venda. É impressionante como esse carro desapareceu. E impressionante também como os remanescentes encontram-se em duas situações: ou estão nas mãos do primeiro dono (ou de sua família), ou nas mãos de colecionadores sérios que dificilmente se desfazem de algum carro. Ou seja, é um carro que não muda de mãos. Aconteceu outra situação interessante, típica de quando não é destino ser sua. Eu tinha um cliente em Maringá, no Paraná, e precisava fazer uma reunião com ele. Naquela época, havia um voo que chegava pela manhã em Maringá e outro que saía no final do dia, acho que às 19h30. Fiz a reunião pela manhã, almocei com o cliente e às 15 horas eu não tinha mais o que fazer lá. Fiquei mais de quatro horas à toa. Ao chegar em casa, já tarde da noite, pois o voo ainda por cima atrasou muito, fui ver os anúncios na internet. Justamente no dia anterior, que eu não havia olhado, entrou um anúncio de um Charger LS 1971 preto justamente em Maringá. Era muita coincidência. E azar. Se eu tivesse visto o anúncio no dia anterior, teria ido ver o carro e descoberto que se tratava de um Charger R/T 1971 cor amarelo boreal, que estava apenas pintado de preto. Meu amigo Lincoln ligou para o homem dias depois e comprou o carro. Está em excelentes mãos.

Essa história aconteceu em 2008. Eu já havia diminuído muito meu ritmo de aquisições, quase parado. Já estava com um acervo maior do que eu poderia imaginar. E maior do que eu poderia administrar. Estava pronto a começar a obra do Museu do Dodge, uma construção no interior de São Paulo para abrigar todos os meus carros debaixo de um único teto. Além de tudo, estava praticamente sem dinheiro. As restaurações dos carros e a compra do terreno para a construção haviam consumido quase todas as minhas reservas. Só havia restado uma pequena carteira de ações que eu carregava havia um bom tempo.

No mês de maio, minha irmã se casou no exterior. Fui para o casamento, fiquei uma semana fora do país. Quando voltei, ainda no táxi a caminho de casa, escutava as dezenas de mensagens de voz que haviam deixado em meu celular. A maioria delas era sobre trabalho, mas uma me arrepiou por inteiro. Era o Lincoln. *"Badola, me liga urgente! Descobri um R/T 1971 verde tropical, transformado em picape desde a década de 1980. Corre, pois já tem gente de olho no carro!"* A mensagem era de uma semana antes. Será que eu iria perder um R/T 1971 mais uma vez? O carro estava no Rio de Janeiro. Aliás, era de lá desde novo. O Charger fora de um conhecido playboy carioca que, após usar e abusar do carro em pegas, um dia o transformou em picape. Usou um pouco e depois passou o veículo para seu mecânico, que mantinha o carro até os dias atuais. O Lincoln me passou as coordenadas e fechei a compra do carro. A única informação errada era a cor do carro, na verdade amarelo boreal. Recebi a picape alguns dias depois, e, atualmente, ele encontra-se em restauração, voltando a ser um coupé com a ajuda de uma teto e de partes superiores das laterais traseiras, doadas por uma carcaça batida de frente que eu encontrei num desmanche.

Bem, a picape R/T 1971 ficou em frente à minha casa por algum tempo até ir para a restauração. Eu, finalmente, tinha meu Charger R/T 1971, mas, convenhamos, não era exatamente como eu imaginava ter. Sei que iria restaurar o carro e que dali a alguns anos o carro estaria totalmente original novamente. Mas não era só isso o que o destino me reservara. Meu amigo Sávio, proprietário de um belo R/T 1971 cor amarelo boreal, uma vez me falou de um Charger que havia aparecido em Foz do Iguaçu e que ele suspeitava ser um R/T 1971. O carro ostentava peças do modelo 1971 e outras peças do modelo de 1972, como a grade dianteira. Era vermelho, com teto pintado de branco, e interior também branco. É impressionante a criatividade destrutiva que esse povo tem. Se soubessem o trabalho que dá para desfazer tudo depois... O Sávio nunca chegou a tirar a limpo a verdadeira identidade do carro, pois nunca mais havia se ouvido falar dele.

Pois não é que logo após eu comprar o R/T 1971 picape o tal Charger vermelho reapareceu anunciado? Liguei para o sujeito que havia anunciado o carro, um funcionário do proprietário, que morava em

Charger R/T 1971 transformado em picape na década de 1980

Foz do Iguaçu, mas que tinha empresa no Paraguai. Ele havia anunciado o carro como um Charger LS. Pedi a transcrição da plaqueta de identificação e o mistério foi elucidado: Charger R/T 1971 amarelo boreal! O carro era caro, mas era a minha chance de ter um R/T 1971 mais rapidamente que a picape. Estava quase sem dinheiro, só tinha as ações que mencionei antes, e já tinha vendido algumas para comprar a picape. Fiz uma proposta para pagamento em duas vezes, retirando as rodas aro 20 polegadas que estavam no carro, para baratear (além de serem horríveis). Após alguns dias de hesitação, o paranaense acabou topando e fechamos o negócio. Pedi uns dias para vender mais algumas ações e mandar a primeira parte do dinheiro, sendo que mandaria o restante em 30 dias e receberia o carro. É impressionante como fazemos negócios na confiança com pessoas que nunca vimos na vida. E raramente algo dá errado. Até que a humanidade não está tão perdida assim! Tem muito mais gente boa e honesta do que ruim e picareta.

O resultado é que, em duas semanas, eu havia comprado dois Charger R/T 1971, ambos de cor amarelo boreal e com chassis próximos, apenas sete carros separando-os. Como a produção de Dodges em 1971 era de quase de 50 carros por dia, pode-se afirmar que os carros muito provavelmente foram fabricados havia 37 anos, no mesmo dia! É para enlouquecer ou não? Um carro foi para o Rio de Janeiro, outro foi para o oeste do Paraná, e vieram se reencontrar aqui na minha casa após quase quatro décadas. Eu alucino com essas histórias.

Bem, mas a história que ilustra este capítulo começa aqui. Eu estava decidido a encerrar as aquisições de carros, pois, além de falido, havia fechado o ciclo com chave de ouro. Alguns anos antes, chegou ao nosso conhecimento a existência de um Charger R/T 1971 de cor cinza bariloche, que estava na cidade de Marechal Cândido Rondon, no interior do Paraná. O carro estava com o neto do primeiro dono, que havia falecido dois ou três anos antes. O rapaz chegou a colocar fotos de seu carro num site de carros antigos na internet e, quando o fez, recebeu uma enxurrada de e-mails e telefonemas perguntando se ele venderia o carro. A resposta era sempre enfaticamente negativa, afinal, ele havia crescido em volta do carro. Mais que isso, o pai dele havia começado a namorar a mãe dele dentro daquele carro. Mais uma vez, um R/T 1971 se encaixava nas duas categorias de proprietários que eu descrevi.

Uma das dezenas de pessoas (segundo o rapaz, foram mais de cem) que entraram em contato com o dono do carro foi meu amigo Márcio Gouveia, vulgo Gordo Dodges. O Márcio bateu um papo longo com o rapaz e finalizou fazendo uma oferta de 35 mil reais no carro. Se um dia ele quisesse vender, era só ligar. Nem o Márcio imaginou que um dia ele voltaria a ligar, ou sequer considerasse a proposta, tamanha a ligação dele com o automóvel. Mas um bom tempo depois dessa ligação, e alguns dias após eu comprar o segundo R/T 1971, o Márcio recebeu uma ligação que deve ter sido assim: *"Márcio, tudo bem? Aqui é o rapaz de Marechal Cândido Rondon, do Charger 1971, lembra? Pois é, eu decidi vender o carro. Na época em que eu coloquei as fotos do carro no site, mais de cem pessoas me ligaram. Mas o único que me fez uma oferta concreta foi você. Se você quiser pagar 35 mil reais no carro, ele é seu".*

O Márcio, além de adorar Dodges, vive da compra e venda desses carros. Jamais deixaria passar uma oportunidade dessas. Exceto, talvez, naquele dia, ou naquela semana. É que, dias antes, após muita procura e negociação, ele havia acabado de dar um passo importante: havia comprado sua primeira casa própria. O desembolso foi alto e ele não queria se descapitalizar ainda mais. Ele, num gesto de amizade ímpar, me ligou e me passou a compra do carro, de bandeja. Me bateu um desespero. Fiz as contas. Se eu vendesse todas as minhas ações remanescentes, eu conseguiria pagar o carro. E ainda comprometeria todo o meu salário do mês seguinte para honrar o pagamento do Charger de Foz do Iguaçu. Passaria mais de um mês praticamente sem dinheiro, até receber o salário do outro mês. Tive uma crise de consciência forte, eu havia ido longe demais. Mas o carro era um R/T 1971 com pintura de fábrica, jamais desmontado, com faixas adesivas originais. Não dava para dizer

Os faróis escondidos atrás da grade são marca registrada dos primeiros Chargers

não. Liguei para o rapaz à noite, para fechar o negócio. Não atendeu. Insisti e deixei mensagem. No dia seguinte, estava na estrada, indo para o interior, quando ele me ligou. Disse que pagaria os 35 mil reais, sendo uma transferência eletrônica imediata de 5 mil reais e mais 30 mil reais em quatro dias úteis, para que eu vendesse as minhas últimas ações e houvesse a liquidação e o recebimento do dinheiro. Ele pediu um tempo para pensar. No final do dia, me telefonou e fechamos negócio.

Foram três Chargers R/T 1971 em um mês. Até hoje não consigo acreditar. Essa história correu o meio de carros antigos, sendo,

inclusive, aumentada. Um conhecido chegou a me perguntar se era verdade que eu havia comprado seis R/T 1971 em uma semana. Realmente, estava chegando a hora de eu parar e me dedicar apenas às restaurações. O agora ex-dono do Charger negociou um frete para mim, com preço bom. Eu só não sabia que era um frete clandestino, num retorno de carreta. Só quando o motorista estava com o carro carregado é que eu entendi que eu não poderia buscar o carro no pátio da transportadora, mas sim encontrá-lo no meio do caminho e descarregar o carro na rua. Ele não informaria à transportadora

O Charger R/T 1971 é o Dodge mais cobiçado da atualiadade

que carregara uma carro, pois sempre voltava vazio, e embolsaria algum. Eu jamais toparia fazer isso, mas já era tarde demais. Por uma casualidade, o carro chegou no dia 6 de julho de 2008, meu aniversário de 38 anos. Parecia que era uma coisa que o destino tinha caprichosamente arranjado para mim. Só poderia ter caprichado um pouco mais no horário. Às 4h30 da manhã do dia 6, um domingo, o motorista me ligou dizendo que já estava quase em São Paulo, e que tínhamos de nos encontrar. Marcamos às 5 horas da manhã na avenida dos Bandeirantes, numa área de escape que a avenida faz logo após a entrada para quem vem da marginal. Ia pegar um táxi, mas minha namorada acordou e fez questão de me levar. Ainda era noite quando avistei o R/T no caminhão-cegonha vazio. Descemos o carro, entrei nele e fui embora, feliz da vida.

Passado o impacto, dias depois fui conhecendo melhor os detalhes do carro. Era originalíssimo, virgem, nunca restaurado. Mas não estava bonito. Primeiro, a terra vermelha daquela região do Paraná encardiu o carro de forma tal que o carro parecia cor de carne. A tinta prata havia sumido na traseira e estava muito gasta no capô. A porta do passageiro também tinha retoques e a cor destoava. Mas o resto era impressionante: as forrações superiores de porta eram absolutamente perfeitas (coisa que se perde na primeira desmontagem), além do painel, volante, rádio, dash, vinil original. Tinha tudo, inclusive as faixas originais adesivas nas laterais (mesmo com um pequeno ralado na do lado esquer-

Faixas originais de fábrica mantidas. A opção pela não-restauração foi para preservar um carro tão íntegro

do). Decidi não restaurar o carro, mas apenas fazer a funilaria em pequenos pontos de corrosão abaixo do olho de gato traseiro, isolar as partes em que já se via a lata por falta de tinta, e dar um leve banho de tinta com as portas fechadas. Assim, eu preservaria a originalidade do carro e ele ficaria com uma aparência muito melhor. Acho que fiz a coisa certa, até porque os outros dois R/Ts 1971 serão totalmente restaurados.

A pintura preta entre as lanternas faz o carro parecer mais largo do que na verdade é

CAPÍTULO 11

Dodge Dart

Os Dodges americanos sempre foram muito raros aqui no Brasil, ao contrário dos Chevrolet e Ford, que sempre existiram em algum número. Na década de 1970, era relativamente comum ver Camaros na rua, quase sempre modelos 1974, normalmente marrons ou verde metálicos. Mas contam-se nos dedos os Chrysler que vieram para cá.

A concessionária Janda e a Chambord Auto importaram, por conta própria, até onde consta, algumas unidades do Dodge Charger e do Dodge Challenger, ambos modelo 1974. Somados ambos os modelos, não devem ter passado de dez unidades. O dono da Chambord Auto teve um Plymouth Cuda 1974 vermelho, que nos anos 1990 desfilou na cor prata (lindo, por sinal) e atualmente encontra-se roxo, mas sem o esplendor de outrora. Alguns Chrysler serviram a embaixadas. Conheci um Dodge Mônaco verde, blindado nos EUA, que aqui perdeu seu motor *big block* para algum projeto de desempenho. Aliás, a sina dos poucos Chrysler *full size* que vieram para cá, via de regra, era perder o motor *big block* para algum carro de arrancada. Em troca, recebiam um 318, normalmente cansado, para empurrar as toneladas de aço. Havia um *super bee* em São Paulo, com uma interessante história de abandono no porto de Santos, que depois de restaurado ficou deslumbrante. Alguma

Modelo: Dodge Dart GT Convertible	

Ano: 1967

Cor: medium turquoise metallic

Produção: Foram feitas 38.200 unidades do Dart GT, sendo 16.600 do 6cc e 21.600 do V8, não havendo a quebra entre Coupés e Conversíveis disponíveis

Características: No primeiro ano do Dodge Dart com a carroceria que o Brasil recebia aqui após três anos, o Dart apresentou seu design original. Era disponível em três modelos: Dart, Dart 270 e Dart GT. O elegante compacto da Chrysler vendeu apenas em seu ano de estreia 144.500 unidades. Fora outras quase 90 mil unidades do seu gêmeo pobre, o Plymouth Valiant. A pujança do mercado norte-americano naquela época fez com que o Dart/Valiant vendesse 2,5 vezes o que se produziu no Brasil ao longo de 12 anos! E com duas carrocerias que não houve por aqui: a conversível e a sedan de duas portas.

Gt Convertible 1967

coisa em Brasília por conta das embaixadas. E o acervo de Chryslers americanos no Brasil resumia-se, grosso modo, a isso.

Mas, a partir de 2003, isso começou a mudar. Com a liberação da importação de veículos antigos com mais de 30 anos, conseguida por Roberto Nasser, os americanos começaram a chegar, com 30, 35, 40 anos de atraso. No início, eles chegaram timidamente, um lá, outro cá, principalmente por conta da gigantesca carga tributária incidente no processo de importação. Mas o ritmo das importações foi se intensificando e chegou ao seu auge em 2008, quando o dólar americano, que chegou a valer quase 4 reais em 2002, desabava continuamente, chegando a valer menos de 1,60 real. Foi um festival de carros interessantíssimos chegando: Challengers, Chargers, um ou outro Barracuda. Em números absolutos, não chegou a ser grande coisa, mas quando comparado ao que havia, era um banquete. O *cream of the crop* dessa turma foi um Hemi Challenger 1970, *matching numbers*, que debutou em Águas de Lindoia em abril de 2008.

Eu assisti àquela festa toda com muito entusiasmo. Não queria ficar de fora, mas minha paixão sempre foram os Dodges nacionais e meus recursos estavam tão abundantes quanto água no deserto do Saara. O carro que eu realmente tinha vontade de trazer era um Dart conversível, o carro que faltou na nossa linha Chrysler brasileira, certamente pela falta de hábito do brasileiro em desfrutar o imenso prazer de andar com a capota aberta. E, diferentemente do que muitos pensam, não é o medo da violência dos dias de hoje o principal motivo, mas gosto mesmo, tanto que nas décadas de 1960 e 1970, quando não tínhamos um problema tão crônico de violência, os conversíveis nunca pegaram por aqui.

Comecei descompromissadamente a olhar os anúncios dos Darts conversíveis nos EUA. O modelo foi fabricado durante três anos: 1967, 1968 e 1969. Minha preferência era pelo 1967 por dois motivos: o primeiro é que acredito que o primeiro ano de produção de um carro é o que representa o verdadeiro conceito de design do projeto. É o que saiu da prancheta. Os anos seguintes trazem alterações, às vezes até para melhor, mas que não eram a ideia inicial do projetista. Assim, acho que a representatividade de um modelo do ano de lançamento é maior numa coleção. O segundo motivo é por se tratar do Dart mais diferente dos nossos. O 1967 tem uma grade que nunca saiu no Brasil, bem como as lanternas traseiras e o acabamento da tampa do porta-malas.

Vi muitos anúncios, mas não me empolguei a ponto de pensar em operacionalizar algo. Naquela época, meu amigo Guilherme Moreira havia importado um antigo, tendo uma experiência positiva em todo o processo de importação. Passamos, então, a trocar endereços de anúncios de carros à venda nos Estados Unidos. *"Olha esse, olha aquele..."*. Até que um dia encontrei um anúncio de um Dart GT conversível 1967 cor turquesa metálico. Lindo. Motor V8 273 (havia conversível 6 cilindros também), capota branca, bom estado geral e um preço muito honesto. Mandei o endereço para o Guilherme que, para minha surpresa, encaminhou para o despachante aduaneiro. O sujeito mandou uma planilha de custos, que eu olhei superficialmente. Meu telefone tocou, era o despachante. Ele já tinha ligado para o dono do carro, em New Jersey. *"Estou com o carro na linha. Pode comprar?"*. Caramba, assim tão rápido? E eu nem sequer tinha dinheiro para o processo todo, mal dava para pagar o carro. Mas o processo levaria uns três meses, e o mais pesado, que eram os impostos, eu pagaria apenas quando desembaraçasse o carro em Santos. Autorizei a compra. O carro levou cerca de cinco meses para chegar até Santos. Demorou porque só foi embarcado uns dois meses depois de chegar a Miami. A demora não era de todo ruim, pois me dava tempo para pagar o carro. Mas, no final, e eu nem havia me dado conta por pura ignorância, acabou me custando muito caro.

No jargão dos despachantes aduaneiros, "fechar o câmbio" é pagar o carro. Você vai num banco com a licença de importação e transfere o dinheiro para a conta do dono do carro, ou da empresa que está operacionalizando o negócio. Por desconhecimento meu, aliado ao sentido literal das palavras, imaginei que, ao se "fechar o câmbio", o valor do carro estava transformado em reais, e sobre esse valor, em moeda nacional, incidiriam os impostos. Ledo engano. Os impostos são calculados usando-se como base a cotação do dólar no dia do recolhimento dos impostos. Fazia muita diferença? No meu caso particular, fez toda a diferença. Comprei o carro quando o dólar estava valendo 1,60 real. Na semana que o carro saiu do container (ou "desovou", no jargão aduaneiro), o dólar havia chegado a 2,50 reais, mais de 50% a mais do que eu previra.

A dor de cabeça havia sido enorme e o arrependimento já dava as caras. Até que, por intermédio de um amigo, fiquei sabendo que um amigo dele tinha um carro que dividia o container com meu carro. Falei com o Noronha, e ele estava um tanto preocupado com o processo de importação do carro dele, que estava demorando demais, principalmente porque o vendedor do carro dele havia perdido os documentos nos EUA. O Noronha queria ir para Santos ver o carro. Acabei me convidando para ir junto. Fomos até o escritório do despachante, acertamos algumas coisas. Mas o Noronha queria ver o carro dele. E eu, por tabela, veria o meu também. Fomos até o porto, na verdade até um depósito alfandegário do lado do porto, onde nossos carros ainda jaziam dentro de um container de 40 pés. O container desceu da pilha, com a ajuda de uma imensa empilhadeira, e foi colocado no chão. Quando a porta se abriu, lá estava o Corvette Stingray do Noronha. O sorriso que o Noronha colocou no rosto era aquele

O Dart 1967 ao chegar na minha casa, ainda com os dizeres em inglês no para-brisa

da criança que ganha um autorama de Natal: amplo, intenso, longo. Lá no fundo, atrás do Stingray, estava meu Dart. O carro da frente foi retirado, e expôs-me, pela primeira vez, à frente do meu novo Dodge. Foi minha vez de dar um "sorriso de autorama". Entrei no container, fui até o fundo, olhei o carro rapidamente. Tínhamos de sair. Só pudemos entrar lá por alguns minutos, em caráter de exceção, nada de fotos. Subimos a serra e eu já tinha esquecido das dores de cabeça, do buraco financeiro que me enfiei, de tudo. Na verdade, eu já estava pensando em chegar em casa e abrir o site do *Ebay* para ver se encontrava outro carro tão bom quanto esse. Resisti.

  Mais alguns dias, e o despachante me ligou, estava pronto para pagar os impostos e desembaraçar o carro. Precisei refinanciar meu carro de uso para honrar o compromisso. Consegui pagar tudo e, no dia 24 de dezembro de 2008, véspera de Natal, o carro chegou na minha casa às 13 horas. Um belo e delicioso presente de Natal. É impressionante a magia de um carro conversível. Ao contrário dos meus outros Dodges, nos quais ninguém da minha casa jamais veio pedir para dar uma volta, todos quiseram desfilar no bairro com a capota abaixada. Fizemos o carro funcionar facilmente, demos uma lavada

A empolgação de um conversível: o primeiro Dodge que eu tive no qual todos quiseram dar uma volta

rápida, baixamos a capota, e, durante horas, viu-se no meu bairro um Dodge Dart conversível subindo e descendo as ruas, sempre cheio de gente. Lembrou-me o tempo em que, quando um pai chegava em casa com um carro novo, ninguém dormia direito. E quando o carro chegava, era o evento do ano. Hoje em dia, parece que a molecada liga muito pouco para carro. Imagino um pai chegando em casa com seu carro novo, subindo o elevador de um prédio e, ao convidar os filhos para a volta inaugural, simplesmente ouvir: *"Ah, pai, deixa para amanhã. A gente vai ter de ir para escola nele de qualquer jeito"*.

O Dart é um 273 2-bbl, com potência declarada de 180 hp. O motor 273 tem o mesmo curso do 318, porém com menor diâmetro. O resultado é um carro com menos torque, mas que sobe de giro mais

O painel do Dart 1967 completamente diferente dos nacionais

Dodge - História de uma coleção

rapidamente. É um carro mais "nervoso" que os nacionais, sensação gerada pela rápida subida de giro e da maior taxa de compressão. Os nossos Darts tinham taxa de 7,5/1 nos Dart e nos Charger a partir e 1977, e de 8,4 nos Charger R/T até 1976. Só para se ter uma ideia,

esse 273 tem taxa de 8,8/1. E o 273 4-bbl tem impressionantes 10,5/1! Essa aquisição acabou fechando o ciclo de expansão da minha coleção. A partir dele, cancelei qualquer nova compra, e me programei para passar os próximos anos restaurando os carros do acervo.

A magia de um conversível é atemporal

CAPÍTULO 12

O Museu do

O ápice da minha cruzada quixotesca pela preservação dos Dodges nacionais é a construção do Museu do Dodge. Quando minha coleção começou a crescer, tive a necessidade de ter um espaço para guardar os carros. Aliás, para quem mora em São Paulo, esse é o maior entrave para uma coleção de carros progredir. Espaço acaba limitando aquisições e restaurações. Quando percebi, já estava pagando pesados aluguéis de vagas e garagens. Mas o pior não é o aspecto financeiro, e sim a sensação real de vulnerabilidade que esses lugares dão. Guardei carros por algum tempo em um estacionamento subterrâneo de um prédio no meu bairro. Parecia um lugar tranquilo, pois eu só ia até lá em finais de semana. Até que um dia, por uma casualidade, tive de passar lá numa segunda-feira. Pânico! O pátio estava lotado, os carros estavam apertadíssimos manobrando. Meus Dodges ficavam num canto relativamente bem protegidos, mas nem por isso totalmente seguros.

Certa vez, resolveram jogar o entulho de uma reforma ao lado do meu Charger R/T 1972 recém restaurado. Na certa, o desmiolado pedreiro imaginou ser melhor jogar ao lado daquele carro velho do que ao lado de um Astra novo. Outra vez apareceu um risco no capô de outro carro. Reclamei. Resposta? Já devia estar assim. E fica por isso mesmo. E minha reação? Tirei os carros de lá? De jeito

Dodge

---

nenhum. Não tinha alternativa para guardar nove carros de um dia para o outro. Engoli em seco e voltei para casa, emputecido.

A saída era construir um galpão definitivo, grande o suficiente para guardar todos os carros juntos. Era a ideia do Museu do Dodge. O projeto inicial previa a construção de um galpão em um terreno que eu possuía no bairro de Santo Amaro, numa rua calma, em frente a uma praça. Não era grande, mas era o máximo que eu poderia ter. Quando comecei a esboçar o projeto, comecei a esbarrar em empecilhos. Pela lei de zoneamento, eu teria de deixar cinco metros de recuo na frente, nos fundos e mais 1,5 metro em uma das laterais. Só isso já pegaria boa parte do terreno. E a metragem total de construção não poderia passar de 100% da área total do terreno. Para viabilizar isso, teria de fazer o galpão em dois andares, com um elevador para subir e descer os carros, já que uma rampa desperdiçaria ainda mais área útil.

A ideia de ter carros amontoados no andar superior de um galpão não me atraía em nada. Aliás, o próprio conceito de museu, *stricto senso*, com os carros preparados para imobilidade, com fluidos drenados e sob cavaletes, me dá calafrios. Carros têm de andar. E, particularmente os V8, têm de acelerar, mesmo que apenas algumas vezes por ano. Tinha de achar uma saída. Decidi fazer o caminho dos bandeirantes e ir para o interior. Consegui comprar uma propriedade a 150 quilômetros de São Paulo, na região de Campinas, com espaço à vontade para fazer o galpão que eu quisesse, e que meu bolso permitisse. E, ainda, espasmo máximo da excentricidade, sonhando com uma pista de asfalto lisinho ao redor do galpão, não mais que um quilômetro ou um quilômetro e meio para poder manter os "meninos" em forma sem sair de casa.

Com finanças novamente zeradas, tive de esperar para começar a obra. Em novembro de 2007, no GP Brasil de Fórmula 1, conheci a Luciana, engenheira civil especializada em construções de residências de alto padrão mas também com experiência em construção de galpões industriais. Começamos a conversar sobre

galpões, sobre as vantagens de uma construção pré-fabricada em relação a uma construção tradicional, e sobre meu projeto do Museu. Começamos a namorar bem antes de o primeiro esboço sair. Nosso relacionamento progrediu rápido, com aquela sensação única de termos nos encontrado na vida. Meu psiquiatra diz que isso se chama "élan". Igualzinho à Lotus.

Mas eu não queria simplesmente fazer um cubo de blocos de cimento para pôr os carros dentro. Queria algo mais. Minha ideia era fazer algo inspirado em uma velha fábrica, com tijolos vermelhos à vista e telhado em "*shed*". Depois de algum estudo para determinar as dimensões ideais, a Luciana me apresentou o primeiro projeto, posteriormente colocado em perspectiva de realidade virtual.

Perspectiva do Museu do Dodge feita em computação gráfica por Luciana Bernasconi

Era exatamente o que eu queria. Começamos com a terraplanagem, para alinhar todo o terreno pelo ponto mais alto da área. Seriam necessários mais de 200 caminhões de terra, o que custaria uma fortuna. Aí a criatividade falou mais alto. Mandei tirar a terra do meu próprio terreno, de um local mais baixo. "*Mas vai ficar uma cratera aberta!*", questionou o responsável pela terraplanagem. "*Não há problema*", respondi com assertividade. Por um terço do custo, fizemos a terraplanagem em apenas três dias de trabalho, já que a terra estava a menos de cem metros do local de construção. E a cratera? Enchi de água, gramei em volta e coloquei mil peixes dentro. Economizei muito na preparação do terreno e ganhei um belo lago de graça!

Área preparada para o início da construção

A partir daí começou meu curso prático de construção civil. Fui apresentado a um certo baldrame, às vigas e a outros personagens desse mundo que, para mim, era muito distante, mas

A createra de onde saíram 250 caminhões de terra virou um lago: criatividade faz toda a diferença

que é muito parecido a uma restauração de carros. Você visualiza o resultado final na sua mente e vai trabalhando passo a passo, em um exercício de paciência e disciplina, principalmente para os seres mais ansiosos, como eu. Os baldrames foram abertos, o embasamento foi concluído, as vigas foram posicionadas e as paredes, enfim, começam a subir. O sonho começou então a tomar forma. Mas nem tudo é simples. Em um momento chove demais, no outro o depósito não entrega o cimento, e as contas para pagar se sucedem. Cheguei a temer pela conclusão da obra. Mas fomos em frente.

A ideia é ter nesse espaço todos os carros "prontos". O que é um carro pronto? Um carro já restaurado ou um carro que não será restaurado. Todos os carros que terão de passar por uma restauração não irão para o museu. No início, não pretendo abri-lo para visitação, mas em um segundo momento, imagino abrir em datas pré-estipuladas, como o primeiro final de semana de cada mês. Não é mesquinhez, e nem mesmo qualquer outra coisa, a não ser o fator segurança. A partir do momento em que eu divulgar a abertura, terei de colocar placas de indicação, o que certamente

90 mil tijolos assentados

pode chamar a atenção de indivíduos inescrupulosos. Quando o esquema de segurança estiver totalmente implantado, o museu poderá ser visitado.

O sonho vai tomando forma. O Museu do Dodge sai do papel. Na fachada original, mais dois pilares incluídos para fins estéticos apenas

Para me livrar definitivamente desses estacionamentos que me tiram o sono (e dinheiro), antes de iniciar as obras do museu fizemos um galpão auxiliar, na propriedade de meu funileiro, que chamo carinhosamente de "galpão UTI". É um galpão simples, de construção extremamente rústica e barata, para abrigar os Dodges que estão esperando a vez de ser restaurados. Foi uma iniciativa importantíssima para abrigar esses carros e não perder nenhuma boa oportunidade de aquisição por falta de espaço.

O "galpão UTI", construído em parceria com meu funileiro. O fusca é dele! Aqui os Dodges resgatados aguardam a vez de voltar aos dias de glória

O site do Museu do Dodge
www.museudodge.com

A terceira frente do Museu do Dodge, na verdade, foi a primeira a ser implantada: o site www.museudodge.com. A ideia foi colocar esse site no ar para disponibilizar alguns materiais inéditos que eu havia conseguido com ex-funcionários da Chrysler do Brasil. Além disso, quis pôr o site no ar para tentar conseguir, por intermédio dele, mais material e informações. Confesso que consegui pouca coisa nesse sentido. O que o site realmente conseguiu foi espalhar informação e o conceito de restauração e preservação. Nunca se falou tanto em códigos de plaquetas, formulações de tintas nos tons da época e originalidade em geral. E acredito que o site teve um papel importante nesse sentido.

O site foi ao ar em 2005, e passou por uma reformulação em janeiro de 2009, com novas seções, como o *Dodge do mês* e os *Classificados pré-selecionados*. A seção *Dodge do mês* traz um ensaio fotográfico mensal com um Dodge. Ao final do ano, é eleito o Dodge do Ano, como fazem as revistas masculinas norte-americanas com suas peladas. O *Classificados pré-selecionados* é uma seção também inovadora: em vez de abrir um espaço para que se repitam os mesmos anúncios de outros sites, aí só entrarão carros anunciados com exclusividade e que passam por um filtro de qualidade, originalidade e preço coerente. Em suma, apenas carros que eu compraria. Acredito ser de grande valia. E também é um espaço para que o Museu do Dodge renove seu acervo, já que tem naturalmente a primeira opção de compra nos veículos ofertados, podendo, eventualmente, ofertar alguns carros que não fazem tanto sentido para a coleção.

> Para conhecer outros títulos, acesse o site www.alaude.com.br, cadastre-se, e receba nosso boletim eletrônico com novidades